חיות רדיקלית מעבר להתעללות

ליסה קוני ד"ר

חיות רדיקלית מעבר להתעללות

ד״ר ליסה קוני

כל הזכויות שמורות LLC מאת ״לחיות מתוך השאגה שלך!״ 2023

הוצאה זו נועדה לתת מידע מדויק ומהימן אודות הנושא המדובר. היא נמכרת בידיעה כי הכותבת והמוציא לאור אינם עוסקים במתן ייעוץ משפטי, קניין רוחני, חשבונאי או כל ייעוץ מקצועי אחר. במידה ונדרש ייעוץ או עזרה משפטית, יש לגשת לשירותים המתאימים.

ביחד או לחוד, אינם LLC ד״ר ליסה קוני ו-״לחיות מתוך השאגה שלך!״ לוקחים אחריות על כל התחייבות כתוצאה מפעולות הגורמים המעורבים.

תודות

הספר הזה הוא <u>בשבילכם</u>, המשגשגים.

אף פעם לא מאוחר מדי להשתנות.
תתחילו איפה שאתם נמצאים כיום.

אתם אולי מרגישים שבורים, אבל ההוויה שלכם לא יכולה
להישבר <u>אף פעם</u>.

כל מה שצריך הוא שינוי במעלה אחת, והמעלה הזו היא
לפתוח את הספר הזה ולהתחיל לשנות את האופן בו אתם
מסתכלים על העולם.

אני בהכרת תודה והודייה עמוקה לכל אלו שעשו את המסע
הזה איתי, לידי, לצדי, או הרחק ממני.

זה לא משנה לאן הגעתם ואיך הגעתם לשם, אתם השתניתם,
ואתם יודעים שהשתניתם.

תזכרו את זה תמיד!

תודה

הקדמה

במהלך עשרים השנים האחרונות, הקדשתי את חיי לעזרה לאחרים בכך שעזרתי להם להשתחרר "מכלא ההתעללות" וליצור לעצמם חיים שמחים ומלאי משמעות. עבדתי עם אלפי לקוחות שהתלהבו מהתוצאות הנפלאות שהם הגיעו אליהם בזכות הסיוע שהצעתי להם - סיוע אשר מאזן בין עוצמה, מיני-יות (אנרגיית הקבלה) ופגיעות.

בספר זה אתם תקבלו הצצה לתוך העבודה הזו, המאפשרת לכם לא רק להתגבר על העבר המתעלל שחוויתם, אלא גם מעלה אתכם מעל כל המכשולים שעצרו אתכם מלהגשים את חייכם עד היום.

כפסיכותרפיסטית מוסמכת, ביליתי את רוב הקריירה המוקדמת שלי במעקב אדוק אחר אסכולות החשיבה המסורתיות בנוגע לדרכים בהן אנשים יכולים להירפא מטראומה ומהתעללות. כנראה מאוד שהייתי ממשיכה במסלול הזה אם לא הייתי הופכת להיות התלמידה הכי טובה של עצמי.

אפשר לומר שכל מה שלמדתי, למדתי בדרך הקשה ביותר - חוויתי את זה.

...תנו לי להסביר

במהלך שני העשורים הראשונים של חיי, הייתי אומללה. בשנות ה-20 המוקדמות שלי, ניסיתי למסך על התחושות האלה עם אלכוהול, סמים ומסיבות. הייתי בעודף משקל ולא היה לי אכפת מעצמי בכלל.

לילה אחד, כמעט מתתי בעקבות ההתנהגות חסרת האחריות שלי.

אתם מבינים, גדלתי בבית אלים מאוד. עברתי התעללות מינית, פיזית ורגשית מהרגע שנולדתי ועד שהגעתי לשנות ה-20 לחיי.

הרגשתי אשמה, חסרת אונים ובתחושת אימה מתמדת. שום דבר לא עזר לי, והאפשרות לאושר הייתה חסרת כל תקווה. גם לחיות הרגיש לי בלתי אפשרי. ההתעללות שלטה בכל אספקט של חיי.

הכל הרגיש לא בסדר, כולל אני בעצמי.

אף פעם לא הרגשתי שאני משתלבת בשום מקום. הדבר היחיד ששימח אותי הוא אלכוהול ובריחה. הייתי שותה ומסניפה כל דבר שרק הייתי יכולה לשים עליו את היד, העיקר לא להרגיש כלום. הרגשתי שהדרך הכי טובה לחיות היא להיות כמעט חסרת הכרה.

כשהתחלתי את הלימודים בקולג', הסתובבתי בקמפוס עם המבט ברצפה וכתפיים שמוטות. יום אחד, אחת המרצות פנתה אליי ושאלה אותי אם אני בסדר. אף אחד מעולם לא שאל אותי את זה. אף פעם. העיניים שלי התמלאו בדמעות באופן מיידי.

היא עזרה לי להבין שמה שאני חווה הוא בר טיפול והיא מילאה אותי בתקווה שאני אוכל להתגבר על זה וליצור לעצמי חיים חדשים. וזה בדיוק מה שעשיתי.

היום, אני חיה את החלום מעבר לדמיונותיי הפרועים ביותר: אני מטיילת בעולם לצרכי עסקים ונופש, אני מנחה שיעורים על חיות רדיקלית מעבר להתעללות" ועל "קבלת אנרגיה" עם

גופנו. אני חיה בבית יפהפה שאני חולקת עם מישהו שאני אוהבת. אני מוקפת ב-100 דונם של אדמה יפהפיה, 20 סוסים, 3 כלבים, ועוד. יש לי מערכות יחסים אינטימיות, מטפחות ותומכות עם חברים ואהובים. אני מלאת חיות ותמיד בוחרת ביותר.

זה לא משנה מה טראומת העבר שלי הייתה, אני נחושה לבחור את בחירותיי מעבר לה. אני שמחה - הכי שמחה שאי פעם הייתי. סוף-סוף "קיבלתי" את עצמי, ואני לומדת עוד ועוד דרכים לעשות זאת.

התעללות לא יודעת גבולות

התעללות, מטבעה, מכסה שטח רחב.

היא יכולה לקרות לנו, והיא יכולה לקרות *בתוכנו* - והיא מנציחה את עצמה בכל סדק וקפל של חוויות חיינו.

היא מתגלמת בכל הדרכים בהם אתם חושבים, מדברים, פועלים - או לא פועלים.

היא מתגלמת בפיננסים שלכם, ביכולת שלכם להרוויח כסף, ובסוג העבודות שאתם בוחרים.

היא מתגלמת בכל מערכת יחסים שיש לכם - בין אם זה עם השכן בבניין, עם חברים שאתם שומרים איתם על קשר, או עם בן או בת הזוג שאתם מתחייבים אליהם.

או לא מתחייבים אליהם.

היא מופיעה בבריאות שלכם, באופן שבו הגוף שלכם נראה ופועל, ובאוכל שאתם אוכלים.

...ואני יכולה עוד להמשיך

זה לא משנה איפה אתם ממקמים את ההתנהגויות שלכם על רצף ההתעללות. מה שחשוב הוא להכיר ולאתגר את החוויות האלו. אולי עברתם ילדות מתעללת כמו הטראומה והזוועות שאני עברתי. אולי ההורים שלכם התגרשו כשהייתם צעירים,

ובקושי ראיתם את אבא שלכם (או אמא שלכם) אחרי זה. אולי ההורים שלכם רבו על כסף, ועכשיו אתם מתקשים להתפרנס.

לא משנה מה עומק או עובי הקורה... הכל מקובל כאן.

אנחנו חיים ביקום מקבל.

לפרוץ החוצה אל החופש

איך זה ירגיש לכם לחיות מעבר לחוויות החיים הנוכחיות שלכם? אילו חלומות אתם עוד מחזיקים עמוק בלבכם? אילו לחישות תודעה אתם שומעים?

אולי אתם יודעים את התשובות לשאלות האלה, ואולי לא. לא כל מי שמגיע אליי יודע מה הוא רוצה ברמה המודעת. שנים של הכחשה, שיפוטיות והתעללות מסתכמים ליוקר מחיה גבוה, ולפעמים כל מה שנשאר לכם הוא פיסת חיים קטנה שבקושי שורדת.

הספר הזה יראה לכם איך להשתחרר ממה שאני קוראת לו "הכלוב הבלתי נראה של התעללות".

הוא יפתח אתכם לרעיונות חדשים לגבי מה אפשרי, וייתן לכם כלים חדשים שתוכלו להשתמש בהם בכל מקום וזמן שרק תרצו. וזה לא משנה אם יש לכם עבר של התעללות, הכלים והעצות האלה יכולים לעזור לכולם.

מצד שני, אם כן יש לכם עבר של התעללות, הכלים והעצות האלו יכולים להיות חבל ההצלה שלכם.

הערה אחת: אם הרעיונות והשפה בהם אני משתמשת חדשים לכם, זה דבר טוב. לא, אלו לא שגיאות כתיב או ניסוח, זו דרך מסוימת להגיד משהו שמושרש בשיטות בהן אני משתמשת. למרות שאני פסיכותרפיסטית מוסמכת, אני גם למדתי והוסמכתי במגוון שיטות ריפוי אלטרנטיביות, ולכן, בחירת המילים שלי לפעמים מגיעה מתוכן (אם תרצו ללמוד עוד על כך, אתם מוזמנים לבקר באתר שלי בכתובת www.DrLisa-Cooney.com)

...דבר אחד בטוח

אם אתם תשתמשו בכלים שתקראו עליהם כאן, אתם *תשתחררו* מכל מה שחוסם אתכם ומונע מכם לבחור באילו חיים אתם רוצים ליצור לעצמכם.

זה יוביל אתכם לכיוון לו אני קוראת *חיות רדיקלית*... ואני מתרגשת לחלוק אותו איתכם.

!אז, בואו נתחיל

ד"ר ליסה קוני

עדויות

ד"ר ליסה קוני היא מנחה מדהימה! היא מצליחה להתמקד בדקויות של כל מה שקורה וללוות אותך עם תמיכה מטפחת! היא מאירה באור בוהק את כל מה שאתם מחביאים בחריצי הנפש שלכם, שאתם לא יודעים איך להשאיר מאחוריכם. עברתי המון שינויים והתפכחויות לסיבות בגינן אני עושה את מה שאני עושה לאנשים שאכפת לי מהם. היא נותנת לי כלים שעוזרים לי לעבוד אפילו עם הטראומות הכי עמוקות ואפלות של חיי. היא עזרה לי לגלות מחדש את האני הפנימי והיפה שלי. עכשיו יש לי <u>את היכולת לבחור</u> לחיות את חיי איך שאני באמת רוצה! אני ממליצה בחום על ד"ר ליסה כמנחה, על קורסי הגוף שלה, וקורסי החיות הרדיקלית שלה!

כל כך הרבה השתנה בחיי מאז ששמעתי את ד"ר ליסה מדברת על ליצור ולחיות <u>חיות רדיקלית מעבר להתעללות</u>. בתור מי שלא מזדהה עם עבר מתעלל, הייתי מופתעת מכמה שהחכמה

שלה יכולה לשנות הכל... מעבר להתעללות! מערכת היחסים שלי עם הגוף שלי השתנתה לטובה, ואני נהנית ונוכחת בגוף שלי יותר מאי פעם. מערכות היחסים שלי עם הסובבים אותי הפכו לקלות יותר והתחלתי לעבוד עם אחרים גם בקריירה שלי, שזה משהו שנמנעתי ממנו עד עכשיו. יותר מהכל... אני בוחרת עבור עצמי לחיות חיים ברמה חדשה לגמרי, וליצור לעצמי את החיים שמשרתים אותי באופן הכי טוב. אלו רק חלק מהדרכים בהם <u>חיות רדיקלית</u> עזרה לי עד עכשיו. מה כבר יכול להיות טוב יותר?

העבודה עם ד"ר ליסה היא הדבר הכי טוב שעשיתי בשביל עצמי! החיים שלי השתנו בדרכים ואופנים שיכולתי רק לחלום עליהם. השארתי מאחוריי חיים שלמים של קורבנות. בתהליך, הפכתי לבטוחה ובריאה בכל דרך אפשרית - פיזית, מנטלית, רגשית ורוחנית. יכולתי לעזוב עבודה מזעזעת, להכפיל את ההכנסה שלי ולהקים עסק חדש. ירדתי יותר מ-50 קילו, ויש לי מערכת יחסים אוהבת עם בן זוג מדהים. תודה, תודה, תודה.

ד"ר ליסה היא מרפאה עוצמתית ומחויבת שיכולה להחזיק ולשנות כל מחסום שמוצג בפניה. זה יצר אווירה של אמון ובטחון עמוקים, ואיפשר לכולם לאוורר את הפחדים, מחסומים ואמונות הכי עמוקים, ומשם - לפעול לרפא אותם. זו מתנה מדהימה לזכות לעבוד עם אחת המרפאות הכי עוצמתיות בעולם.

ליסה <u>מדהימה</u>! בתור אלופת עולם וזוכת מדליות זהב, אני תומכת לחלוטין בעבודה המהפכנית שד"ר ליסה עושה עם אנשים בתחומי הריפוי וההעצמה. **זה עובד**!

הקדשה

הספר הזה מוקדש לכם, הקוראים, ותודה לכם שאתם בוחרים דרך חדשה עבור עצמכם. תודה שאתם בוחרים להשתחרר מעברכם. תודה שאתם יודעים שלא משנה מהי או מה הייתה

הטרגדיה, טראומה או מגבלה שלכם, אתם יצרנים חזקים של עוצמה, ואתם תמיד יכולים לבחור לחיות מעבר לנסיבות חייכם.

אם אתם דומים לי ולו במעט, אתם בטח נפלתם פעם או מספר פעמים למה-חלה של דכאון, חולי, חוסר ובדידות. אני מצאתי שהכלים והמילים המוצגים בספר זה עזרו לי מאוד בתהליך הריפוי שלי ובתביעה החוזרת של ביטוי עצמי חופשי ומלא. השתדלתי להיות פשוטה ופרגמטית בספר הזה. אני מקווה שגם אתם תגלו שהם שימושיים עבורכם.

אני יודעת שעם טראומה והתעללות הדברים הם אף פעם לא פשוטים, וההצפה תמיד נוכחת. מי ייתן ותמצאו שלווה ואפילו נחמה בידיעה שאם לא תוותרו לעולם, ולעולם לא תיכנעו ותפרשו, המילים האלו יכולות לעזור גם לכם.

מי ייתן ותהיו מלאי השראה, והטראומות שלכם יהפכו **לחיות רדיקלית מעבר להתעללות**.

חבריי היקרים, תמיד:

תבחרו בעצמכם.

תתחייבו לעצמכם.

שתפו פעולה עם היקום שפועל לברך **אתכם** וליצור **עבורכם ואיתכם**.

פרק 1

להמשיך הלאה זה פשוט. מה שמשאירים מאחור, זה החלק הקשה.
להמשיך הלאה מעבר לכלוב ההתעללות
~ דייב מוסטיין

"את יכולה לספר לי פרטים על ההתעללות שעברת בילדותך המוקדמת?" הייתה שתיקה ארוכה אחרי שהעורכת שלי שאלה אותי את השאלה הזו.

היא בדיוק סיימה לעבור על הטיוטה הראשונה של הספר שלי, *ליצור אחרי התעללות*, ורצתה להוסיף עוד פרטים על העבר ההתעללותי שלי. ביקשתי ממנה לתת לי רגע לפני שאוכל להיזכר במשהו.

עברו שמונה דקות שלמות, ורק אז התחלתי לספר לה פרטים.

בשמונה הדקות הללו, סרקתי את הגוף שלי ונדהמתי לגלות שני עשורים של התעללות פיזית, מינית, רגשית, כלכלית,

רוחנית ופסיכולוגית שחוויתי לא "שכנו" יותר בגוף שלי -
למרות שיכולתי לזכור את כובד הפשעים.

כששיתפתי אותה בפרטים, הרגשתי כאילו אני חולקת את
הסיפור של לקוח או של חבר, ולא את סיפורי שלי. לא הייתי
בדיסוציאציה או ניתוק, להפך - הייתי אני, אבל מעבר לסיפור
ההתעללות שלי.

חייכתי כשהבנתי כמה רחוק הגעתי במסע שלי של להמשיך
הלאה מעבר להתעללות.

אחד הדברים שעזרו לי באופן הכי משמעותי הוא קריאה של
הרבה ספרי עזרה-עצמית - כמו שאתם עושים עכשיו - והדגשת
משפטים עד שהמילים קפצו מהדפים ונכנסו לתוכי, ונתנו לי
הצצה למציאות אפשרית חדשה. הידיעה שאחרים הבינו מה
אני עוברת נתנה לי תקווה.

וגיליתי שאני בכלל לא לבד.

עשיתי עוד דברים. למשל, ניסיתי לצאת לטיולים בטבע, לעשות
מדיטציות, לשחות, ולרכב על אפניים כדי להוציא את
ההתעללות ממני. הלכתי לטיפולים רגשיים, ואפילו עשיתי
תואר שני ודוקטורט בפסיכולוגיה. הייתי מחויבת להמשיך
ולהשכיל קלינית, אנרגטית ופסיכולוגית, בנחישות למצוא את
הדרך להמשיך הלאה מהההתעללות.

כשאני מנחה את הסדנאות ומשחררת אחרים מהההתעללות
שלהם, אני משחררת גם את עצמי. ומעולם לא עצרתי.
המחויבות שלי ממשיכה להיות להשמדה ולחיסול ההתעללות,
בכל הצורות בה היא מופיעה בעולם הזה, דרך תנועת "לחיות
מתוך השאגה שלך".

להמשיך הלאה מהההתעללות: פרדיגמה חדשה של ריפוי

אולי חוויתם התעללות, בין אם זו התעללות מינית, פיזית,

רוחנית, כלכלית או רגשית. יכול להיות שזה היה מקרה בודד או שזה היה רצף של אירועים.

יכול להיות שהשקעתם זמן ואנרגיה רבים בהחלמה מחווית ההתעללות שלכם, ואולי לא ראיתם את התוצאות שקוויתם להן. זה מובן. לצערי, גיליתי שהרבה מהכלים והגישות שהיו קיימים טרום השיטה בה אני נוקטת בה כדי להמשיך הלאה מעבר להתעללות נוגעים בתיקון ובהגדרת העצמי לפי סיפורי ההתעללות שלנו.

אני לא אחת מאלו שמאמינים כי עלינו לתקן את עצמנו כדי להיות חופשיים. כשאנחנו מאמצים את המודל הזה, אנחנו מניחים שיש משהו לא בסדר בנו ואנחנו מחפשים פתרונות כדי לטפל בבעיה. זה הופך להיות בור ללא תחתית, ואנחנו לעולם לא נגיע לסוף שלו, כי אנחנו לעולם לא נרגיש מתוקנים או שלמים. במקום זאת, אתם תמצאו את עצמכם באותם מעגלים, בתהייה האם זה אי פעם ייגמר, מחכים ליום שבו תגיעו סוף-סוף לריפוי. ריפוי מהתעללות בהחלט מתרחש בשכבות, לפעמים המון שכבות, ולהתרכז במה טוב בעצמנו זו אבן היסוד של להעצים את עצמכם מעבר להתעללות.

הפרק זה, שחלקו נגזר מתוך הספר האחרון שלי, *ליצור אחרי התעללות*, מתאר דרך חדשה להחלים מעבר להתעללות.

אתם תגלו שאתם לא צריכים לתקן שום דבר ולא צריכים להיות מוגדרים לפי ההתעללות שעברתם. אתם גם תלמדו איך לעשות את הבחירה לשים סוף לפשעים, ולא לתת יותר למקרה אחד או רצף של אירועים לשלוט בכל החיים שלכם.

הכלוב הבלתי נראה של התעללות

ביליתי כל כך הרבה מחיי בתוך כלוב בלתי נראה.

אני אומרת שהוא בלתי נראה כי, למרות שחייתי בתוכו כאסירה שקטה, כלל לא הייתי מודעת לקיומו. לקח לי עשורים מחיי עד

שנתתי לו שם, בטח ובטח עד שעיצבתי אותו לכדי מסר שאני יכולה לחלוק עם העולם. ובכל זאת, בכל פעם שאני מדברת על הכלוב הבלתי נראה עם מישהו שעבר התעללות, ניכרת על פניהם תחושת ההכרה, ואפילו ההקלה. יכול מאוד להיות שההבעה הזו חולפת על פניכם בזמן קריאת המשפטים האלו.

הכלוב הזה בנוי משיפוטיות מתוחכמת ועדינה של כל מה שלא בסדר בכם, שאתם לוקחים כמובנת מאליה. במילים אחרות, אתם תופסים את עצמכם כרעים או שגויים בגלל ההתעללות שעברתם. ה"שגיון" הזה הופך להיות המשקפיים דרכם אתם חווים ותופסים את המציאות. כתוצאה מכך, אתם יוצרים את החיים שלכם מתוך הפשעים שנעשו לכם, וכולאים את עצמכם בתוכם.

הכלוב שלכם הוא כמו רוח רפאים שכל הזמן לוחשת באוזנכם. היא לוחשת לכם כשאתם מתמודדים מול אתגרים. גם כשהחיים טובים, היא לא שותקת. האמת היא, שבזמנים כאלו היא לרוב עוד תתחזק בניסיון נואש לשמור עליכם בתוך כלוב ההתעללות. לחיות בתוך גבולות הכלוב שומרת על כך שתחיו בתוך איזור מוכר. יש נחמה מוזרה שמגבילה אתכם לחיים בתוך הכלוב, לא משנה כמה תרצו להשתחרר ולחיות מעבר לו.

הכלוב הזה מבוסס על חוסר, הגבלות ושקרים.

הכלוב הזה מונע מכם חופש, הנאה ואפשרויות.

לחיות בתוך הכלוב זה לחיות ללא קול. אתם אולי מסוגלים לדבר ולתפקד בעולם, אבל נשאר בכם צד מבודד, מושתק ומנותק מהמציאות - חלק שחי בכם, נדהם וקהה חושים.

הכאב של לחיות בתוך הכלוב יכול להיות כל כך גדול שלפעמים תבחרו שלא לשהות בו. אתם יכולים להקהות את חושיכם או להתנתק מהמציאות כדי להימנע מהכאב. אתם אולי עושים את זה לפרקים במהלך היום, פשוט מתנתקים מהגוף. אתם גם אולי תשתמשו באוכל, אלכוהול, סמים או תרופות כדי להתנתק באופן יעיל יותר.

אתם הופכים להיות קליפה של מי שאתם באמת.

אתם תוהים למה אתם ״פוגעים בעצמכם״, כשבעצם אתם פועלים מתוך מה שהכלוב נועד לעשות: להילחם נגד החיים ולומר ״לא״ מתוך מקום של התכווצות במקום לקבל את החיים ולומר ״כן״ מתוך מקום של התרחבות. בתוך הכלוב, אתם ממשיכים להגיב לחיים מתוך דפוסי התעללות העבר, וזה שומר על הפשעים בחיים.

אולי גם שמתם לב שכשאתם חיים את החיים מתוך כלוב ההתעללות, זה מהדהד לכל חלקי החיים שלכם. כשאתם מסתכלים על העולם דרך משקפי ההתעללות, זה כאילו יותר מההתעללות נמשך אליכם, וזה מוביל לעוד הלקאה עצמית. משפטים כמו ״אתם יוצרים את המציאות של חייכם״ לא עוזרים. כשהדפוס של ההתעללות מנכיח את עצמו שוב ושוב, ואתם לא יודעים איך לעצור אותו, זה מוסיף לתחושה שמשהו לא בסדר בכם.

מה שלרוב קורה בתוך הכלוב הוא שבגלל שההתעללות מעכירה את המציאות שלנו, התפיסה שלנו מעוותת עד לכדי שגעון קל. מה שנראה לנו נכון יכול להיות לא נכון, ולהיפך. אנחנו מוצאים את עצמנו בוטחים באנשים שלא כדאי לבטוח בהם, ולא בוטחים באנשים שכן. יכולים להיות סביבנו אנשים שמייצגים את כל מה שאנחנו רוצים לייצר ולהפגין בחיינו, אבל אנחנו דוחקים אותם החוצה כי להגשים את עצמנו בעזרתם יהיה לצאת מהכלוב, ואנחנו לא מרגישים בנוח לעשות את זה.

אם אתם חיים בתוך כלוב ההתעללות, אתם כנראה מניחים שזו הברירה היחידה שלכם. האמת היא, שעבור רוב האנשים שעבדתי איתם, הרעיון של בחירה נראה מבלבל. מכרו לנו את המיתוס הזה שמכיוון שחווינו התעללות, נידונו לחיים מלאי סבל. החיים שלכם, עד עכשיו, כנראה סיפקו לכם אינספור ראיות כדי לתמוך במיתוס הזה.

ועדיין, לחיות בכלוב ההתעללות כאסיר מושתק היא לא הבחירה היחידה בחייכם.

. . .

להתיידד עם כלוב ההתעללות

מה שגיליתי כשתמכתי בעשרות אלפי אנשים מסביב לעולם בהתעלות מעל ההתעללות שלכם, היא שאנחנו לא יוצאים מהכלב מתוך עבודה זריזה.

קודם כול, אנחנו חייבים להגדיל את המודעות שלנו ולהכיר בכלוב.

ברגע זה, אתם אולי מתעוררים לראשונה להבנה שהכלוב הזה קיים. הרבה אנשים אומרים "אהה, זה מה שזה", כשהם שומעים אותי מדברת על הכלוב, נותנת מילים למשהו שבדרך כלל נשאר חסר שם.

זה כאילו יש פיל שמחרבן בחדר כל הזמן, וכולם הלכו מסביב בזהירות. אנחנו כבר לא מתעלמים מזה. זה מסריח, ואנחנו מתמודדים עם זה.

אחרי שמכירים בכלוב, אתם זוכים להכיר בכך שחייתם בתוכו. באופן מאוד ממשי, הכלוב הוא השותף הכי משמעותי שלכם בהחלמה: *הוא הגן עליכם בתקופה שהייתם זקוקים להגנה.*

היופי הוא שכשאתם מקבלים את הכלוב ובמקביל בוחרים באפשרות שהיא לא להתנתק, אתם מתרככים. אתם נפתחים לאפשרויות של לחיות לצד הכאב שלכם. בסופו של דבר, זו הדרך היחידה למוסס את סורגי הכלוב ולצאת לתוך חופש, אושר ואפשרויות שקיימים מחוצה לו.

כדי לצאת מהכלוב, לא צריך "להחזיר" לעצמכם משהו. פה הגישה שלי שונה בתכלית מאלו שאולי ניסיתם בעבר בכל מיני סוגים של טיפולים. במקום זאת, אתם לומדים לבחור בחירות שונות שלא מנציחות את ההתעללות. אתם מגלים איך להתחבר מחדש לעצמכם מעבר לשיגעון שנוצר בתוך הכלוב הזה, ואתם בוחרים לחיות בלי להפוך את מה שקרה לכם (בין אם זה מקרה בודד או סדרה של אירועים) לכל חייכם

סביר שכל תפיסת המציאות שלכם תתחיל להשתנות ברגע שתשימו לב איך הכלוב הבלתי נראה מתגלם בחייכם.

להמשיך הלאה מעבר לכלוב ההתעללות

הבדיחה האכזרית של ההתעללות היא שהיא נגמרה מזמן, ואתם עדיין מתייחסים לעצמכם כמו שהמתעלל שלכם התייחס אליכם.

למה אתם עושים את זה?

הכלוב הבלתי נראה של ההתעללות מחזיק אתכם כאסירים לאמונה שאתם שוגים, או רעים; שלא מגיע לכם לחיות בעבור עצמכם, אלא עליכם לעשות מה שאחרים חושבים שאתם צריכים לעשות, או מה שאתם אמורים לעשות (בדיוק כמו שקרה בזמן ההתעללות שלכן: עשיתם את מה שאמרו לכם, והצרכים שלכם לא השתנו); או, שאתם מרגישים אשמה קונסיסטנטית אם אי פעם תציבו את עצמכם בראש, והאשמה הזו כל הזמן דוחפת אתכם אחורה אל תוך כלוב ההתעללות.

כשאתם מתיידדים עם כלוב ההתעללות, אתם מפסיקים להיות במלחמה מול עצמכם. זה המקום מתוכו אתם מתחילים לבחור בעצמכם ולהתחייב לחיים שלכם.

איך זה נראה?

להתחייב לחיים שלכם נראה כמו לעמוד על שלכם ועל בחירותיכם לא משנה מה קורה. זה אומר לעולם לא להיכנע ואף פעם לא לוותר (אומרת הלוחמת האירית שחיה בתוכי). *ובכל זאת, זה לא אומר לדחוף, להתאמץ, להחסיר או להילחם.*

אתם כבר לא צריכים להוכיח או להילחם על הזכות לחיות את חייכם. אתם פשוט זוכים לבחור אותם. ההתחייבות הזו לחיים לא מרגישה כבדה - היא הקלילות, הנוחות, האושר וההנאה שמתאפשרים ברגע שאתם בוחרים בעצמכם. וזה דורש הרבה חמלה עצמית שאולי לא חוויתם מעולם.

אבל יש משהו יותר גדול שעוצר אתכם מלהתחייב לחיים
שלכם...

הדרכתי אלפי אנשים להתגבר על ההתעללות המינית שהם
עברו, ואחד האתגרים הכי גדולים שראיתי שהם התמודדו
איתם הוא המאבק לשחרר מנרטיב ההתעללות שלהם. זה
הסיפור שלהם, והתפקיד של הקורבן בתוך הסיפור מחזיק
אותם מלהתחייב לעצמם. סביר שהם יותר מחוייבים לסיפור
ההתעללות שלהם מאשר לאפשרות של חיים מעבר לו. הייתי
שם בעצמי. אני יודעת את זה. ועדיין, זה צריך להיות רק "שלב"
במסע היציאה מכלוב ההתעללות ואל חיות רדיקלית.

כשאתם אוחזים בסיפור ההתעללות, אתם מחזיקים את
עצמכם כלואים בתפקיד "הקורבן". זה נראה כאילו "החיים
קורים" לכם, שאתם הקורבן של הנסיבות, ושלא משנה מה
תעשו, אתם תמיד תוציאו את המקל הקצר, אז - למה לנסות
בכלל?

התעללות הופכת להיות התירוץ הכי גדול שלכם לא להתחייב
לחיות את חייכם.

אבל יש עוד אפשרות שאני רוצה להראות לכם.

כשאתם מניחים בצד את סיפור ההתעללות שלכם, מקבלים
את התמיכה לשחרר את כל הצער על כל ההתעללות שעברתם,
ועוברים מתוך כלוב ההתעללות והשגיון שבכם, נפתח
מרחב חדש:

אתם מגלים את "הפנומנליות" של עצמכם.

אתם מתחילים לחיות *בחיות רדיקלית* - מרחב קיום בו
ההתעללות לא מנהלת את חייכם, ואתם מייצרים ויוצרים את
החיים שתמיד רציתם, מעבר לכל דמיון.

בפרק הבא, תלמדו עוד על כלוב ההתעללות הזה, ועל
ההשפעות שלו על היכולת הטבעית שלכם ליצור

פרק 2

היצירתיות בתור מרחב האפשרויות

אני שוכנת באפשרויות.
~אמילי דיקנסון

התעללות היא המכשול הגדול ביותר ליצירתיות.

אם לומר את האמת, זו לא ההתעללות עצמה, כי ברוב המקרים, עד שהמטופלים מגיעים אליי, ההתעללות הסתיימה. זו יכולה להיות תקרית בודדת ועד רצף של אירועי התעללות שנמשך במשך עשורים.

בכל מקרה, ההרגשה שאנשים מתארים היא של "תקיעות". זה כאילו הם כלואים בתוך כלוב בלתי נראה, וכוח הרסני עוצר אותם מלהגשים את חייהם במלואם.

זהו *כלוב ההתעללות*, והוא אחד המכשולים הגדולים ביותר ליצירתיות. כלוב ההתעללות מנציח הרס, רתיעה, הפרדה ובדידות, וכשאתם תקועים בתוכו, אתם במצב מתמיד של הקטנה והשפלה עצמית.

. . .

הכלוב הבלתי נראה של התעללות

אם חוויתם התעללות, מאוד קל להיתקע בדפוסים חוזרים של התעללות עבר שצפים בתור מגבלות בבריאות, במערכות יחסים, ובתזרים המזומנים שלכם.

בעצם, היכולות היצירתיות והיצרניות שלכם לעשות את מה שאתם אוהבים לעשות בעולם הזה נחסמים. זה כאילו התקליט נשרט בדיוק בשורה בשיר שאומרת "אני לא יכול", "אני לא יודעת מה לעשות" ו-"משהו לא בסדר בי".

איך אש היצירתיות יכולה לבעור בתוך דיכוי מחניק? ואיך אתם יכולים לגשת לאנרגיית היצירתיות כשאתם נעולים בתוך כלוב בלתי נראה?

הרס גובר על יצירתיות

במקום ליצור חיים, אתם באופן לא מודע *בוחרים* באנרגיית ההרס. בדרכים מעודנות אך מתוחכמות, אתם הורסים כל דבר שאתם רוצים ליצור. זה יכול לבוא לידי ביטוי בהרס של מערכות יחסים, בפשיטת רגל, בכניסה לחובות כלכליים, ו/או הרס הגוף - ואתם אף פעם לא מבינים שיש דרך אחרת לפעול. זה נראה ומרגיש כאילו אתם שוחים נגד הזרם, תמיד מתמודדים עם קשיים, מכשולים ואסונות.

למה זה קורה?

כי חוסר הרמוניה וקונפליקט הם שטחים מוכרים עבורכם.

הכלוב הבלתי נראה מושרש בשקר שמשהו לא בסדר בכם. הוא מבוסס על הנרטיב שאתם מוגבלים ושחסר לכם משהו. כל *השיפוטים האלה* שאתם מייצרים בעצמכם (ולפעמים גם אחרים בחייכם) נועדו להרוס אתכם ולשמור עליכם קטנים. הם לא מכוונים ליצירת חיים של חיות רדיקלית.

זה נשמע משוגע, אני יודעת. למה שמישהו יבחר להרוס לעצמו את החיים במקום לעצמו ליצור חיים?

אבל, מה שאתם צריכים לעשות הוא לבחון את עצמכם עמוקות ולהיות מוכנים להיות כנים עם עצמכם. שאלו את עצמכם את השאלות הבאות:

האם אני יוצר או הורס את החיים של עצמי?

האם אני יוצר או הורס את מערכות היחסים שלי?

האם אני יוצרת או הורסת את מערכת היחסים שלי עם עצמי?

האם אני יוצרת או הורסת את מערכת היחסים שלי עם כסף?

האם אני יוצר או הורס את מערכת היחסים שלי עם הגוף שלי?

תהיו כנים עם עצמכם

כמו שתיארתי בהקדמה, שני העשורים הראשונים לחיי היו מלאים בהתעללות: פיזית, מינית, מנטלית, כלכלית. ההתעללות הגיעה ממגוון מקורות: משפחה, חברים של המשפחה, הכנסייה, סוכנות דוגמנות, והילרים.

נאמר לי שוב ושוב, לאורך כל הילדות שלי שאני מרושעת, ואני האמנתי לשקר הזה. הוא הפך להיות הכלוב בו חייתי.

לאורך כל תהליך הריפוי שלי, הייתי נחושה להשתמש בחוויה האישית שלי של התעללות בתור הקטליזטור לתנועת "המהפכה מעבר להתעללות", ומאוחר יותר, ל-"לחיות מתוך השאגה שלך". אבל, כדי להגיע להישגים האלה, הייתי צריכה קודם כול להיות כנה עם עצמי ולראות איך אני הורסת או יוצרת את החיים שלי, מערכות היחסים שלי, הקריירה שלי, הפיננסים שלי, הגוף שלי, הבריאות שלי, וכל ההוויה שלי.

לדוגמה, לא רציתי לתת לאף אחד להתקרב אלי כי פחדתי שגם הם יראו את הרוע שבי ויברחו ממני בצרחות. איך אני יכולה ליצור משהו מלבד הרס אם אני מרושעת ואף אחד אף פעם לא יאהב אותי?

למדתי גם את שפת העוול בילדותי, ולכן השתמשתי בה כאדם בוגר. יצרתי קונפליקטים במקום תקשורת, מה שגרר אחריו גירושים וייאוש.

בשנות ה-20 לחיי, דרסתי את צרכי הגוף שלי ופעלתי בדפוסים הרסניים: סמים, סקס, ואכילת יתר. היה לי כסף, אבל הרגשתי אשמה על זה שיש לי אותו ולאחרים אין, אז שילמתי בשביל כולם בניסיון לקנות את האהבה שלהם.

כל ההתנהגויות הללו השאירו אותי כלואה בתוך כלוב ההתעללות הבלתי נראה, בחזרה על אותם דפוסים הרסניים שהיו מוכרים לי מילדותי. כל מה שידעתי הוא להרוס את עצמי ואת כל מי שנכנס לחיי.

הגשר מעבר לכלוב

נקודת מפנה זו נקרתה לדרכי כשהמרצה בקולג' פנתה אליי ושאלה אותי אם אני בסדר, והשיחה הזו איתה הפכה להיות הגשר לפרק חדש בחיי. היא עזרה לי לראות שיש דרך אחרת לחיות, שלא כוללת את שחזור דפוסי ההתעללות.

התמסרתי למציאת הדרך אל מחוץ הכלוב, הכלוב ששמר אותי לכודה בהרס עצמי ולא במקום בו אני באמת חיה את חיי. הפכתי להיות ד"ר לפסיכולוגיה ולמדתי עשרות אופני טיפול שונים. במקביל, בעזרת עבודה עם מטפלים והילרים, צעדתי במסע ההחלמה העצמי שלי בזמן שעזרתי למטופלים שלי במסע האישי שלהם, והדרכתי אותם במסע הריפוי מעבר לכלוב ההתעללות.

היום, יותר משני עשורים לאחר מכן, כבר עבדתי עם אלפי מטופלים ברחבי העולם, ואני בהכרת תודה וענווה עמוקות שאותן שנים מוקדמות בחיי, המושרשות בכל-כך הרבה התעללות, הפכו להיות הקטליזטור עבור "ליצור מעבר להתעללות".

אני מתרגשת לחלוק איתכם את המפתחות שמצאתי, אשר פותחים את כלוב ההתעללות, כי מעבר לכלוב, מעבר לגשר, יש דרך לחיות שנטועה באנרגיה של חיוביות ויצירתיות.

הדרך הזו לחיים היא מה שאני מכנה לחיות *בחיות רדיקלית*.

ברוכים הבאים לחיות רדיקלית

דמיינו את המקרה הבא...

אתם מתעוררים בדילוגים, שמחים מהחיים ומוכנים לכל אפשרות שהיום יציב בפניכם. מתחילתו ועד סופו, היום שלכם מלא בבחירות שמבוססות על הרצונות שלכם, ומתוך הרצונות האלה, הכל אפשרי, ואתם מגנט יצירתי ויצרני.

אנשים אוהבים להיות בסביבתכם, אתם משנים את האנרגיה של כל הסביבה שלכם פשוט בזכות זה שאתם.

מערכות היחסים שלכם מבוססות על שותפות והרמוניה. הן מהנות, קלילות, שמחות והדדיות. הגוף שלכם בריא וויטאלי. אתם מלאי אנרגיה. אתם אפופים בזוהר ייחודי.

העסק שלכם משגשג והשותפים שלכם שמחים ומצטרפים לכל פרויקט יצירתי שלכם. כל יום הוא הזדמנות חדשה לזמן לעצמכם הכנסה, תמיכה ואפשרויות.

החיים הם הרפתקה משמחת. צחוק וקלילות מציפים את גופכם. אתם המומים מתחושת החיבור לעצמכם.

אנשים שואלים אתכם מה עשיתם שכל כך השתנתם, ואתם עונים "בחרתי בעצמי ובאושר שלי, ויצרתי את מה שידעתי שאפשרי".

מעורר השראה, לא?

אלו החיים שמחכים לכם, אם רק תבחרו בכך.

אני רוצה להציג בפניכם את המפתחות לפתיחת כלוב ההתעללות, כדי שגם אתם תוכלו לחצות את הגשר ולחוות חיות רדיקלית.

ארבעת העקרונות: בחירה, התחייבות, שיתוף פעולה ויצירה

ארבעת העקרונות הם המפתחות שישחררו אתכם מהשקרים וההגבלות שפעם השתכנעתם בהם, ומהמעגל ההרסני שהונצח בכם מאז ההתעללות שחוויתם בעבר.

I. *תבחרו בעצמכם*

"מה זה אומר, "לבחור בעצמכם?

אז, אתם יודעים איך זה להיות במערכת יחסים עם מישהו שבה אתם כל הזמן תומכים רק בהם ולא בעצמכם. זו דוגמה לאיך את **לא** בוחרים בעצמכם. כשאתם פועלים עבור אחרים על חשבון עצמכם, אתם הופכים אותם ליותר חשובים מעצמכם. זה מה שקורה בהתעללות: הרצונות והצרכים שלכם הופכים להיות לא רלוונטים.

כשאתם בוחרים בעצמכם, הצרכים והרצונות שלכם הופכים להיות חשובים.

אתם הופכים להיות ראש סדר העדיפויות. אתם מתחילים ליצור את החיים שלכם.

כשאתם בוחרים בעצמכם, אתם עדיין יכולים להיות אדיבים ולהיות שם עבור אחרים, אבל **לא** על חשבון עצמכם. אתם מכלילים את עצמכם בבחירות שלכם בתוך כל מערכות היחסים בחייכם.

מה תוכלו ליצור כשתבחרו בעצמכם?

. . .

1. *תתחייבו לעצמכם*

כשאתם מתחייבים לעצמכם, אתם מתחייבים לרעיון של לא להיכנע, לא לוותר, ולעולם לא לתת לאנשים או דברים אחרים לעצור בעדכם. זה אומר שאתם מתחייבים לעצמכם לבחור בעצמכם בכל רגע, בכל יום.

במילים אחרות: אתם לא מוותרים. אף פעם.

העקשנות שלי להתגבר על שני העשורים הראשונים לחיי ועל כל ההתעללות שחוויתי הגיעו מהמקום הזה של ההתחייבות לעצמי. ברגע שהבנתי שאני חיה בכלוב התעללות ושיש לי אפשרויות בחירה מחוץ לכלוב, נשבעתי לא לוותר עד שיצאתי מהכלוב והגעתי לצד השני של הגשר.

גם נשבעתי להעצים כמה שיותר אנשים אחרים עד שגם הם ישתחררו מכלוב ההתעללות על-ידי בחירה בעצמם והתחייבות לעצמם ולחייהם שלהם.

כשאתם מתחייבים לעצמכם, אתם מחייבים *ללהיות לחלוטין עצמכם בכל מערכות היחסים שלכם*. אתם לא מתנתקים מעצמכם כדי לרצות אחרים או לעזור להם. הפרדוקס הוא, שכשאתם מתחייבים לעצמכם, אתם הופכים להיות יותר זמינים לעזור לאחרים באופן הרמוני והדדי.

מה תוכלו ליצור כשתחייבו לעצמכם?

1. *שתפו פעולה עם היקום*

כמו שהסברתי קודם, כשאתם בתוך כלוב ההתעללות, אתם עשויים להרגיש כאילו אתם חותרים נגד הזרם ותמיד מתמודדים עם קושי, מכשולים וקטסטרופות. זה מרגיש כאילו כל העולם פועל נגדכם.

גם אני האמנתי בזה במשך המון זמן. חשבתי שכולם רוצים ברעתי ושאני חייבת לעשות הכל בעצמי.

זה שקר.

כי האמת היא שהיקום פועל כדי לברך אתכם, והוא מאמין בהצלחה ובאושר שלכם. כל שעליכם לעשות הוא לשתף פעולה איתו בכך שתפתחו את עצמכם לקבל תמיכה ועזרה מכל האנשים והאפשרויות שרוצים לתמוך בכם.

וכל מה שצריך זה פשוט לבקש.

כשאתם מוכנים לבקש - ולקבל - אתם תגלו שיש כל כך הרבה עזרה שזמינה לכם לתמוך ביצירת החיים של עצמכם.

מה אתם יכולים ליצור כשאתם משתפים פעולה עם היקום?

I. *צרו את החיים שלכם*

אתם יכולים לפתוח בשיחה עם היקום על-ידי שאילת השאלות הבאות:

- *מה כיף לכם?*
- *מה ממלא אתכם באור?*
- *איך החיים יכולים להיות שונים מהחיים שיצרתם לעצמכם?*
- *מה תבחרו עבור עצמכם, כשאנשים אחרים הם לא בראש סדר העדיפויות שלכם?*

כשאתם כל הזמן מתחברים חזרה לרצונות שלכם ומאפשרים לעצמכם להיות בראש סדר העדיפויות שלכם, אתם תיצרו חיים מעוררי השראה ומרחיבים עבור עצמכם.

אתם תהיו היוצרים של חייכם, ולא ההורסים של חייכם.

ובכנות, מה יכול להיות יותר טוב מזה?

אנרגיית היצירתיות

ארבעת היסודות יוציאו אתכם מהכלוב ויובילו אתכם לצד השני של הגשר אל החיות הרדיקלית, צעד אחר צעד, בחירה אחר בחירה, כך שבמקום להרוס את החיים שלכם, אתם עכשיו יוצרים אותם.

התחילו בלפקפק בכלוב - לתת לעצמכם לראות שהוא עשוי כולו שקרים והגבלות שכבר לא נכונים עבורכם. אתם חייבים לאפשר לעצמכם לשחרר מהדפוסים הישנים של "אני לא יכול", "אני לא יודעת מה לעשות", ו־"משהו לא בסדר בי".

כשאתם מתחילים לפקפק בכלוב ולשאול את עצמכם מה עוד אפשרי, אתם מתחילים לצאת מהכלוב ולחצות את הגשר אל אפשרויות חדשות. הרצון למשהו מעבר לכלוב ההתעללות הוא הדלק שיניע אתכם קדימה.

מה מבקש להיווצר עכשיו? בחרו בכך! תהיו בעצמכם המרחב שלכם לאפשרויות.

בפרק הבא, תלמדו על אנרגיה ייחודית שזמינה לכם כדי ליצור את החיים שאתם רוצים לעצמכם.

פרק 3

יצירת החיים של עצמכם מתחילה לקרות

"...אני תמיד אומרת שהעולם מלא בדברים נפלאים שעוד לא
ראיתם.
אף פעם אל תוותרו על ההזדמנות לראות אותם"
(ג'יי.קיי. רולינג (טוויטר -

בתור עוסקת בהילינג, שיחקתי בעולם המודעות כדי לעזור
לאנשים לשנות את חייהם ולחיות חיות רדיקלית. מכיוון שרוב
הלקוחות שלי מגיעים מרקע של התעללות, השינוי הזה יכול
להיות מפעים ודרמטי.

אם קיים "סוד" להצלחה שלהם בקפיצה הזו, הייתי אומרת
שהסוד הוא בגילוי ואימוץ היכולת לזנק לתוך האנרגיה של אני
אשיג את זה! לא משנה מה.

כשאתם בוחרים במרחב הזה, אתם תרגישו התרחבות ממשית
ודחיסות בו זמנית, כמו כדור אנרגיה שחי בתוך מכונת פינבול,
נעים בהתפרצות בתוך המרחב, מנתרים בין כל מה שלא משרת
אתכם, עד שתתנחתו במקום אותו רציתם ובחרתם.

האנרגיה הזאת של *אני אשיג את זה!* מייצרת את הרעיון שלא משנה מאיפה אתם מגיעים, לא משנה מה סיפור הרקע שלכם, לא משנה איזו התעללות, טראומה או טרגדיה מזווייעה נפלה עליכם או על משפחתכם, אילו מערכות יחסים בעברכם לא עבדו, הכסף שאין לכם או שאיבדתם, או כל קונפליקט שאתם שזורים בו - אתם לא תפסיקו עד שתשיגו את מה שתרצו.

אז אפילו שאתם מטאפורית בתוך מכונת הפינבול הזו, מנתרים מצד לצד, שני צעדים קדימה ואחד אחורה, אתם ממשיכים "לשגר" את עצמכם לתוך החיים מתוך המודעות שלא משנה מה עוצר בעדכם - זה לא משרת אתכם, ואתם לא תפסיקו עד שזה ישתנה.

אני אשיג את זה! לא משנה מה.

בהתחלה, זה יכול להיות קצת קשה. זה גורם לי לחשוב על המימרה "Work hard, play hard", ולמרות שזו לא בדיוק אותה משמעות - כי אנרגיית ה*אני אשיג את זה!* היא קלה - היא כן דורשת את עקשנותה של התודעה להמשיך ולנוע קדימה, בלי להתייחס למכשולים והדחיות שנראים שמופיעים רק כדי לעצור אתכם. בפועל, אתם אומרים לעצמכם "אוקיי, זה לא עבד. בחירה יוצרת מודעות. *אני אשיג את זה! לא משנה מה.* אז, מה השלב הבא?"

ואז, אתם הולכים על זה.

כמה רחוק אפשר להגיע?

אחד הלקוחות שלי, לדוגמה, שמעה את לחישות התודעה להביא ילד לעולם בתקופה בה הנישואים שלה החלו להתפורר. היא תמיד רצתה תינוק, אבל בגלל המון סיבות, זה אף פעם לא הסתדר. למרות כל זה, הרצון עדיין כרסם בה.

באותה תקופה, היא עבדה איתי נרחבות כדי לבחור ולהקשיב לאותה לחישה, וברגע שהיא הקשיבה לה, הכל התחיל להשתנות בקצב מסחרר. היא הייתה נחושה להביא ילד לעולם

בעצמה, לא משנה מה, והתחילה לעשות את ההחלטות הגדולות הדרושות ליצירת החיים שהיא תמיד רצתה, ביניהן - לבחור להתגרש, ולבחור להביא ילד לעולם לבדה. בהתחלה, היא נתקלה במכשלה אחרי מכשול. רופאים לא רצו לקחת בזה חלק, כי תהליך הגירושין במקביל עיכר את התמונה. ואז, ברגע שהיא כן נכנסה להריון, היא התמודדה עם אפליה במקום העבודה בשל היותה אם יחידנית, למרות שהיא הייתה עובדת בכירה בתפקיד יוקרתי.

אבל ככל שחייה התפרקו, היא התחייבה יותר ויותר לתהליך ועבדה על ניקוי התודעה שלה.

בבסיסו של הדבר, היא אמרה "אני מביאה את הילד הזה. אני מרגישה את האנרגיה של הרוח שלו סביבי ואני לא הולכת לוותר על זה. אני בוחרת ליצור את זה. מה אני צריכה לעשות כדי לגרום לזה לקרות, ומה ישרת אותי?" וכך, היא הקשיבה לחישות התודעה שלה על רוחו של התינוק, מצאה דרך להיכנס להריון ולקחה על עצמה את הפרגמטיות שבדבר. היא בחרה להשתמש בכלי אנרגיית ההילינג ובאנרגיית האני אשיג *את זה!* של "אני אבחר בעצמי, לא משנה מה".

לפקוד ולדרוש

לא משנה מה לא עובד, איכשהו, באיזשהו אופן, תמיד תיפתח דלת, גם אם היא תרגיש בגודל של סיכה ותצטרכו להידחס כדי לעבור דרכה. אבל, זה לא דורש מכם להתכופף, להתקפל, להטיל בעצמכם מומים או להתכווץ כדי לעשות את זה.

במקום זאת, אתם "נדחסים" מחוץ למחויבויות, אמונות, נדרים, חוזים, גנטיקה, אילו היוחסין, מערכות האמונה והמציאות הפיזית שאומרת לכם "אתם לא יכולים שיהיה לכם הכל. אתם לא יכולים לומר בקול את מה שאתם באמת רוצים. אתם לא יכולים ליצור לעצמכם את החיים שאתם רוצים באופן שבו הייתם רוצים ליצור אותם".

כשאתם עוברים את הקיר אל תוך האנרגיה הזו, זה יכול לאיים על אנשים סביבכם. הם יכולים לבלבל דרישה שאתם מציבים עבור עצמכם בכך שאתם "מתנהגים בדורשניות", בטח אם הם גדלו בסביבה מתעללת או עם הורים "דורשניים", או אנשים אחרים שפשוט לא מבינים את ההבדל. להגיע בדרישה מסוימת זו עמדה חזקה מאוד של "אני אשיג את זה!", בעוד ל"דורשניות" יש צד מתעלל. אבל, הם לא יכולים להיות יותר שונים זה מזה.

לצערנו, כשמגיעים לשורש הדבר, רוב האנשים לא באמת מאמינים שהם יכולים לדרוש ולפקוד בחיים של עצמם ובאמת להצליח ליצור אותם בקלות, אז הם חיים את החיים כ-"משחק המתנה". הם מחכים שהרצון של מישהו אחר לשינוי, היצירה של מישהו אחר, תנחת עליהם משום מקום ותעשה משהו.

כשהם רוכבים כך ההצלחה של אחרים, הם הופכים להיות יותר כמו פרזיטים ששואבים אנרגיה מאשר מייצרים אותה עבור עצמם, העסק שלהם ומערכות היחסים שלהם. זה ההפך מ*אני אשיג את זה!* וזה יותר כמו "הם משיגים את זה, ואני הולך לראות מה אני יכול לקבל מזה גם!"

כמובן שזה לא עושה שום שינוי מהותי בחיים שלהם, או מייצר את סוכן השינוי בשיתוף פעולה עם אחרים או עם העולם.

השאננות שבה אנשים כאלו חיים מכניסה אותם למצב של אדישות, בלימבו בלתי פוסק, מחכים ל"מה" שישתנה. כמובן שהם רוצים יותר מכך וגם מדברים על זה כל הזמן, אבל הם אף פעם לא יעשו את המעבר לעשייה ויצירה. המחשבות שלהם נוטות תמיד לחזור לעצמם כמו נמר שרודף אחרי הזנב של עצמו:

"למה זה תמיד קורה לי? הכל כל כך מאתגר. שום דבר לא מסתדר לי, לא משנה כמה אני מתאמץ. למה הכל כל כך קשה? למה זה עובד לאחרים ולא לי?"

החיים שלהם מוגבלים לאיזור מחייה מאוד קטן, שתיארתי

מוקדם יותר בתור כלוב שאדם יוצר לעצמו עם "סורגים" אנרגטיים ששומרים עליהם כלואים.

אז, איך נראית אנרגייה הלפקוד ולדרוש בסיטואציות שונות? אז, במקום עבודה, במקום להיות פאסיבים, אתם צריכים לאמץ לעצמכם גישה יוזמת לחיים. גישה יותר יוזמת כוללת לדרוש דרישות לטובת קידום הקריירה, להגדיר יעדים ברורים, וליצור הזדמנויות באופן פעיל. זה לומר "אני אשיג את מסלול הקריירה הזה, אני אגרום לזה לקרות".

דפוס החשיבה הזה נוטה להעצים אנשים ויכול להוביל לחיים מקצועיים יותר מספקים. בקונטקסט עסקי, זה אומר להיות בעלי כוח יצרני ויצירתי בעסק, ולשנות את המסלול וההצלחה של העסק באופן אקטיבי. אתם צריכים להבדיל בין להיות שותפים ביצירת עסק משגשג לעומת הפקת תועלת מהמאמצים של מישהו אחר.

עם זאת, היו זהירים במערכות יחסים. חשוב לשים לב להבדיל בין לעמוד על הצרכים שלכם לבין להיות שתלטניים. זה לא אומר להתגבר מעל הצרכים של אחרים, זה אומר להביע בבירור את הרצונות והציפיות שלכם במערכת יחסים. תקשורת בריאה ופתוחה יכולה להוביל לחיבור יותר מספק. לעומת זאת, הגישה הפסיבית במערכות יחסים לרוב יוצרת מצבים של חוסר מענה על צרכים וחוסר הבעה של רצונות, מה שמוביל לתסכול וחוסר סיפוק.

וכשזה מגיע להתמודדות עם אתגרים, אימוץ גישת הפיקוד והדרישה אומר לזהות אתגרים והזדמנויות לצמיחה, ולחפש אקטיבית פתרונות. זה אומר לא לוותר כשמתמודדים עם מצוקה ולהבין ששינוי יכול להיווצר רק מתוך כוונה ומאמץ.

לשחרר את עצמכם

כלוב ההתעללות בנוי מארבעה "עמודים". יותר מאוחר, בפרק

שש, אנחנו נחקור אותם ויתר לעומק, אבל בינתיים יעזור לנו
להכיר אותם בשמותיהם:

1. דיסוציאציה
2. הכחשה
3. התגוננות
4. ניתוק

בעבודה שלי, אני עוזרת להרבה אנשים לזהות את הכלוב
הבלתי נראה הזה כדי שהם יוכלו לפתוח אותו ולצאת ממנו
לחופשי, ולחצות את ה"גשר" אל החיות הרדיקלית ואנרגיית
האני אשיג את זה! לא משנה מה.

אם אתם זוכרים, בפרק הקודם דיברתי על ארבעת העקרונות
של החיות הרדיקלית:

1. לבחור בעצמכם
2. להתחייב לעצמכם
3. לשתף פעולה עם היקום בידיעה שהוא פועל לברכתכם
4. ליצור את החיים שאתם רוצים

כשאתם מחכים, אתם לא בוחרים. אתם משאירים את הדלת
האחורית פתוחה כך ששום דבר לא יכול לקרות חוץ
מהטראומה והדרמה של מכונת הפינבול. זה הרסני, לא
מעצים, וזה מה שמשאיר אתכם נעולים בכלוב ההתעללות
הבלתי נראה.

. . .

אנרגיה גדולה היא העיקר

אני אשיג את זה! בבסיסו הוא אנרגיה גדולה - או, פרונויה.

בספרו *פרונויה היא תרופת הנגד לפארנויה, הגרסה המתוקנת והמורחבת: איך העולם כולו פועל להמטיר עליכם ברכות*, רוב ברזני מתאר את "תרופת הנגד לפארנויה (פרונויה) היא ההבנה שהיקום הוא בבסיסו ידידותי. זה מצב בו מאמינים את החושים והשכל כדי לאפשר להם לקלוט את העובדה שהחיים נותנים לך בדיוק את כל מה שאתה רוצה, בדיוק מתי שתדרוש את זה".

אתם יכולים לבחור בין להפוך לעוצמה בלתי ניתנת לעצירה, לא משנה מה. כן, אתם יכולים ללכת סחור סחור לתקופה קצרה, או לקפוץ קדימה ואחורה בתוך מכונת הפינבול עד שתתהפכו להיות אשפי פינבול - מרוכזים, ממוקדים, דורשניים, ובוחרים בהנאה במה שאתם רוצים. וברוב המוחלט של הפעמים, הכל יכול להתפרק לכם מול העיניים בהתחלה (ואתם כנראה מאוד תנסו להילחם בזה), אבל אני מפצירה בכן לקבל את זה כסימן שזה עובד, שהיקום מברך אתכם. ההתפרקות וההתפזרות הראשונית הזו היא טבעית, והיא הכרחית לתהליך היצירה.

דוגמה אישית

לא מזמן התארגנתי לצאת לטיול מתוכנן של שישה שבועות, כשפתאום, משום מקום, דרישות כלכליות הציפו אותי. התגובה המיידית שלי הייתה, "אוי, אני לא יכולה עכשיו לצאת ולעשות את כל מה שתכננתי. אני צריכה לעבוד יותר כדי לשלם על הכל - זה הדבר הנכון לעשות. אני לא יכולה עכשיו לעלות על מטוס ולטוס לטפל בעצמי או לעזור לאחרים. איך אני יכולה ליסוע לשם כשאני בעצמי בבלאגן?"

כמובן שזה היה הקול של "אני לא אשיג את זה", זה הקול הזה שאומר,

"רואה? אמרתי לך... את לא יכולה להשיג את זה". זה מצחיק שדווקא כשאנחנו מתקדמים, אנחנו מתחילים לשחזר את הטראומה שדברים מגיעים אלינו כדי לחסום אותנו מלהיות כשפים, מלהיות היוצרים הקסומים של מי שאנחנו באמת יכולים להיות.

וכאילו שזה לא היה מספיק, גם הזירה הרומנטית בחיי התפרקה כשה-"שותף להנאה" שלי עזב את מערכת היחסים ושם סוף "לנו" באופן חד צדדי. יכול להיות שהייתי בוחרת באופן פעולה אחר ואומרת, "היי, מה כן נוכל לעשות יחד?" בידיעה מלאה שאין לנו מה לעשות ביחד - והוא היה חייב לעשות את זה בעצמו.

אז, מה כן אפשר לעשות כשמישהו עושה בחירה, וזכות הבחירה באמת לא שלך? אתם בוחרים בכל זאת. זו בחירת אני *אשיג את זה! לא משנה מה.*

אז, בחרתי כן לטוס לשישה שבועות, בחרתי לשחרר לחלוטין ממערכת היחסים הזו, בחרתי בעצמי ובחרתי בידיעה שהיקום פועל כדי לברך אותי ושכל הזירה הכלכלית בחיי תייצר הזדמנויות חדשות בקלילות ובחוסר מאמץ.

והנה, אותה ידיעה מדהימה שמגיעה מתוך הקשבה ללחישות האלה ולבחור בעצמכם ובברכות היקום: הכל הסתדר יותר טוב משיכולתי לדמיין. כן, היו כמה מהמורות בדרך, אבל חוץ מהתרחבות, שום דבר לא דבק בי באותו מסע. אני לנצח אהיה מחוייבת לעצמי.

אני אשיג את זה! אני בוחרת בזה! אני בוחרת בעצמי!

באנרגיה הזו יש רצון לשחרר מהכל. אתם חייבים להיות מוכנים לאבד את הכל כדי להשיג את הכל. וזה אולי נראה כמו דבר רע, אבל אם תסתכלו מקרוב, אתם בדרך כלל תגלו שאתם לא רציתם את רוב הדברים האלו מלכתחילה, כי, לפחות ברמה מסויימת, זה לא באמת תמך בכם

בואו נודה בזה...

אם אתם רוצים משהו שהוא "10", אתם צריכים לשחרר מה-"9" שאתם נאחזים בו, למרות שאולי בהתחלה, לשחרר מהצורה והמבנה המוכרים יהיה הדבר הקשה ביותר שתעשו. במקרה שלי, לא הייתה לי בעיה לשחרר משום דבר באותו שינוי ששיתפתי בו קודם. הקושי שנתקלתי בו היה "להאמין" שהדברים צריכים לקרות באופן מסוים כדי להיות תואם למציאות - עד שהסתכרנתי עם רוח השינוי ובחרתי בחירות ששמות אותי בראש סדר העדיפיות כדי לשמור על הדרשנות של *אני אשיג את זה! לא משנה מה* והחיות הרדיקלית. לא משנה מה אני אפסיד, מי ייצא מחיי, למי אני אצא מהחיים, אני אף פעם לא אוותר על עצמי.

אם תהיו בתשומת לב, כשהחיים מתפרקים ככה, אפשר ממש להרגיש ולראות את אנרגיית השינוי - לרוב, זה אותו השינוי שאתם דורשים כבר זמן מה. ככה זה הרגיש עבורי כשצפיתי בחיי מתפרקים ונפרמים מול עיניי, נוזלים ומחלחלים לתוך האדמה. אבל גם עם כל הדביקות והצמיגיות והסחיטה של הרגשות שלי, ידעתי שלא הייתי משנה שום דבר מתוך מה שקורה באנרגיית ה*אני אשיג את זה*!

בסיטואציות האלו, מצאתי שהדבר הכי טוב לעשות הוא לא מאוד אינטואיטיבי - פשוט לשחק עם זה, לשחק עם האנרגיה הזו ולדהור במכונת הפינבול דרך כל החורים אל כל מה שמאיר ומרחיב אותנו. אנחנו לרוב מוותרים רגע לפני שכל הקסם קורה.

כי, זה העניין...

מה אם באמת הכל מתפרק לחתיכות?

אנרגיית ה*אני אשיג את זה*! אולי אמורה להיראות כאילו הכל מתפרק, אבל מה אם הכל באמת מתפרק?

זה בטח הרגע שבו אתם יכולים לבחור בבחירה הפרגמטית ולוותר על כל מה שאתם רוצים וחושקים בו. או, שתוכלו להגיד

"לא, אני יכול ליצור את זה, אני יכול לעשות את זה, אני צריך את זה, אני משתף פעולה עם היקום, אני בוחר בעצמי ואני מתחייב לעצמי ואני מפרק את חיי לכדי יצירה".

אתם צריכים לדעת שהיקום באמת פועל כדי לברך אתכם כל עוד את אתם דורשים עבור עצמכם, אפילו כשזה נראה שדברים משתנים. אם תסתכלו על הטבע, אתם תראו את הסדר הטבעי של הדברים. מה קורה ביער אחרי שריפה? חיים חדשים קמים וצומחים.

ביצירתיות, תמיד יש שבירה, יש תנועה לחלל מרחיב של בחירה ויצירה. כמו גישת הפנג שואי הסינית, בה כל הזמן מזיזים חפצים ורהיטים כדי ליצור סביבה יותר פורה והרמונית, אנרגיית ה*אני אשיג את זה!* היא התנועה של מולקולות בתוכך שמגשימות את הדרישה שלכם לחיות בחיות רדיקלית מעבר לכל מה שהרשיתם לעצמכם עד עכשיו.

הכל זה בחירה - וזו הבחירה שלכם

בהיותה כוח מתניע, אנרגיית ה*אני אשיג את זה!* היא ההפך מהמתנה. בכנות, לחכות שדברים יסתדרו, או לחכות לסימן, או לכל מה שזה לא יהיה שאתם מחכים לו, זה תירוץ. אתם שמים את עצמכם בפוזיציה בה אתם עלולים לחכות המון, המון זמן.

אני שואלת אנשים, "לא חיכיתם כבר יותר מדי, ומישהו אחר הפך להיות הדרשן בחייכם? מה אם אתם האנרגיה שאתם מחכים לה?

אתם מבינים שאתם יכולים לדרוש דברים בחייכם, גם אם אתם חולקים אותם עם מישהו? זה מה שאני יצרתי עם הצוות שלי כולם הפכו LLC. במטה של "לחיות מתוך השאגה שלך!" להיות הקטליזטורים ללהמשיך הלאה אחרי עבר של התעלות ולחיות בחיות רדיקלית. אף אחד לא רוכב יותר על ההצלחה שלנו. כולנו שואלים את העסק מה הוא רוצה, ואז אנחנו יוצרים

את זה. אנחנו חיים בתור הדרישה, והיקום מברך אותנו להגשים את הבקשות שלנו.

כשיש לכם את אנרגיית ה*אני אשיג את זה! לא משנה מה*, אז אנשים "ממתינים" סביבכם יהפכו פתאום להיות אתגר, לכל הפחות. לדוגמה, בואו נגיד שאתם בעלי עסק קטן ויש לכם עובד שיש לו בעיות עם לקבל כסף. כמובן שלא הייתם מודעים לבעיה הזו כששכרתם אותו ושמתם אותו במקום שבו הוא אחראי לקבלת כספים. יותר מאוחר, כששאלתם אותו על סטטוס של בקשת תשלום מסוימת, שמתם לב שהוא התחיל לתרץ תירוצים או לומר דברים כמו "כן, דיברתי עם הלקוח והם אמרו שהם שילמו", למרות שהבנק כתב לכם שהתשלום סורב. אתם הולכים סחור סחור, וזה קורה שוב ושוב.

מה שבעצם קורה, זה שהעובד הזה, שמסרב לקבל כסף עבור עצמו, חוסם גם כניסת כספים לעסק שלכם באופן לא מודע. זה יוצר משחק המתנה של להמתין לקבלת הכספים, וזה יכול להרוס עסקים ומערכות יחסים.

כשזה מגיע לכסף, לקבל ולבקש אותו דורש כוחות פנימיים לבחור במה שאתם רוצים מעבר למה שקיים עבורכם. במילים אחרות, צריך את אנרגיית ה*אני אשיג את זה! לא משנה מה*.

אבל האנרגיה היצרנית של *אני אשיג את זה!* היא מרחב ללא חסימות, של תנועה קדימה ויצירת מציאות. בלי קשר לאיפה אתם נמצאים או איפה תרצו להיות, התהליך היצירתי הוא תמיד אותו דבר, וניתן להניח שכשמתקרבים לטעום את ההצלחה, דברים מתחילים להתחמם, להתפוצץ ואפילו להתפרק.

בדיוק בשלב הזה, אתם צריכים לשחרר לחלוטין ולהיות לגמרי בהוויית ה*אני אשיג את זה!* כדי שהכל יקרה, בזכות היקום ובזכות הבחירה שלכם בכך. זה אומר שהכל קורה בזכותכם ובזכות הרצון שלכם לתת לגדולת המציאות הזו לשתף פעולה איתכם ולברך אתכם.

אבל... כן יש פה "קאטץ'".

הרצון שלכם לאפשר לתמיכה הזו להגיע אליכם מניחה שקיימת אצלכם היכולת באמת לקבל את התמיכה, ובמהלך שנות העבודה שלי, גיליתי שעבור אנשים שעברו התעללות קשה בעברם, הקושי בקבלת התמיכה הזו נתקל במכשולים.

בכנות, הם פשוט לא טובים בזה כל כך.

אז בואו נתקדם ונגלה מה צריך לעשות כדי להפוך ל"מקבל רחב".

פרק 4

אדיבות... הנהר הגדול והרחב שזורם בכם

אדיבות מתמדת יכולה להשיג הרבה. כמו שהשמש ממיסה
קרחונים, אדיבות מאדה חוסר הבנות, חוסר אמון ועוינות.
אלברט שווייצר -

נולדנו להיות אדיבים - ואני לא ממציאה את זה.

לפי ראיון בשם ״תשכחו מהחזק שורד״ שמשנה (Scientific American), במגזין *סיינטיפיק אמריקן* האדיבות היא זו שמשנה״ האדיבות מחווטת לנו בתוך המוח.

זה לא שכולם פונים לזה באופן אוטומטי, אבל זו מתנה מולדת של כולנו.

הכוונות שלי בפרק זה הן באור חדש את האדיבות כי, בכנות, אדיבות היא הרבה מעבר לגישה טובה לחיים או משהו שאתם עושים עבור אחרים כדי להיות ״נחמדים״.

זה כוח, או עוצמה, שכמו שאלברט שווייצר ניסח זאת - *״אדיבות*
מאדה חוסר הבנות, חוסר אמון ועוינות״. ואם יש לכם

התעללות בחייכם - בעבר או בהווה - אתם חייבים להכיר את החבר הפנימי הזה.

באופן אישי, לא התחברתי עם אף אחד עד שנות ה-20 שלי - אחרי שהמרצה שלי לקורס "אלימות במשפחה" הייתה אדיבה כלפיי, ניגשה אליי ושאלה אותי אם אני בסדר. היא שמה לב לשפת הגוף שלי, שנוצרה מתוך שני עשורים של התעללות, טראומה *ושיפוטיות שעברתי בילדותי*. הכתפיים שלי היו שמוטות ומוטות קדימה, מגיעות כמעט עד האוזניים שלי, מתוך הניסיונות החוזרים להגן על הראש שלי ממכות פיזיות, מיליות ואנרגטיות.

היו לי עוד סימנים מזהים שהגיעו מההתעללות המינית שעברתי בתור ילדה דוגמנית. הן היו ברורות לעין המיומנת של המרצה שלי, לפחות. הפנמתי את דפוסי ההתעללות בכל כך הרבה רמות - גם באופן שבו הלכתי והחזקתי את עצמי, וגם באופן שבו תיקשרתי עם אחרים ועם עצמי.

כיום, אני מתייחסת לכך בתור "טראומה סומאטית", דרכי קיום שהפכו להיות חלק סולידי מהמבנה הפיזי והאנרגטי שלנו, משולבים ונעולים בתוך המבנה המולקולרי והתאי של הגוף שלנו.

נשמע כבד, לא? כמו מבצר בלתי ניתן לחדירה.

אז החדשות הטובות הן שאדיבות היא כמו מנוע המצור שיכול למוטט את החומות האלו.

מבצר השיפוטיות

...אז, זה העניין עם שיפוטיות

היא קיימת כבר המון, המון זמן - במשך מאות ואלפי שנים. בני אדם שכללו את ה-"יכולת" הזו. אבל זה אפילו לא החלק הכי גרוע.

שיפוטיות שזורה בתוך הדי.אנ.איי שלנו. אנחנו יורשים אותה כשאנחנו נולדים לתוך המודעות הקולקטיבית, קווים כלליים שלה נסחפים עם השנים ועוברים אלינו. כלומר, עד שמישהו שובר את המעגל. זה מסוג הדברים שהם בעצם "אבות אכלו בוסר, שיני בנים תקהנה".

אז, מה זה אומר, לשבור את המעגל?

שאלה מצוינת...

אבל לפני שנענה על זה, בואו נראה איך השיפוטיות מנציחה את עצמה בחייך *כשאתם לא שוברים את המעגל.*

- שיפוטיות גורמת לכם לשקר לעצמכם ונועלת אתכם חזרה בתוך "כלוב ההתעללות הבלתי נראה", שמרחיק אתכם מעצמכם, מאחרים, מלחיות את חייכם ומליצור את החיים שאתם רוצים.
- שיפוטיות היא צורה של הגבלה ומגבלות, היא מכשיר השמדה-עצמי והיא צורה פולשנית ביותר של *התעללות עצמית.* היא ההפך מהתרחבות, והיא שומרת עליכם קטנים ומתקשים, קורבניים וחסרי כוח, סגורים בתוך השריון שלכם, קהי חושים. כתוצאה, אתם מפסיקים ליצור ולייצר מעבר לכלוב. במקום זאת, אתם מנציחים את העצמי החלש וחסר הביטחון שלכם וממשיכים לצעוד במעגל ההתעללות.
- כשאתם שופטים את עצמכם, אתם הופכים לסוהרים של עצמכם, וננעלים עוד יותר חזק בתוך הרעיון שאתם לא בסדר. שיפוטיות מחזירה אתכם למקום הנוח והמוכר (כמה שאתם "רעים") ומבטיחה שלעולם לא תצטרכו להיות יותר ממה שאתם כרגע. היא הופכת את הכלוב הבלתי נראה של ההתעללות למציאות קיימת.
- כשאתם שופטים מישהו אחר, אתם בעצם מתגוננים, מתנתקים ומכחישים את מה שאתם לא מוכנים

לראות על עצמכם. אני קוראת לכך "שלושת המ'מים".
מה שזה נועד לעשות הוא להבדיל ולהפריד אתכם
מעצמכם, וזה ההפך הגמור מחיבור ואחדות.

• האמת היא, שאני קוראת לשיפוטיות "קבלה בכפייה"
כי, במהותה, היא כופה עליכם לקבל את *השיפוטיות*
של אחרים, בעיקר אם עברתם התעללות והייתם
חייבים לקבל משהו שלא רציתם - משהו שכפו עליכם
לקבל. כתוצאה, אתם פיתחתם קוצי קיפוד חדים כמו
חץ שיכולים, ומצליחים, להרחיק אנשים מלהתקרב
אליכם.

שיפוטיות היא התנגדות למציאות בה אנחנו משתמשים כדי
להגן על עצמנו. הרבה מהשיפוטים למדנו כילדים, בין אם ראינו
אותם או שמענו אותם, או כי החלטנו לקבל אותם כתגובה
למשהו שקורה לנו. ההחלטות האלו הפכו להרגל בראש שלנו,
העדשה דרכה אנחנו רואים וחיים לפיה בטייס אוטומטי
לשארית חיינו.

הבעיה היא, שכשאנחנו משתמשים בשיפוטיות בכל נקודת
מפגש שלנו עם החיים, אנחנו מונעים מעצמנו על אפשרות
אחרת להוויה ועשייה.

וזה מה שעסקתי בו ברוב הקריירה שלי, וברוב תהליכי הריפוי
שלי - לפנות ולשנות את השיפוטיות הזו כדי לחיות חיים
חופשיים ומאושרים.

אפילו יש לי שם לזה. אני קוראת לזה השאגה שלי - מציאות
אורגזמית רדיקלית וחיה. נשמע כיף?

אתם מלאים באפשרויות

הטבע האמיתי שלכם הוא יצירתיות חסרת גבולות, שפע,
והתרחבות.

זה אולי לא מרגיש ככה כשאתם יושבים לשולחן במשרד קטן או קיוביקל, אז הדרך הכי טובה שאני מכירה כדי להפנים ולהעריך את הרעיון הזה, הוא לבלות יותר זמן בטבע.

...אתם לא חייבים לעשות שום דבר מיוחד

זה פשוט יבוא אליכם אינטואיטיבית.

אחת הסיבות שלהיות בטבע זה כל כך עוצמתי היא שהאדמה היא מקום בו לשיפוטיות אין זכות קיום. זה המקום אליו אפשר לחזור שוב ושוב כדי לשחרר את השיפוטיות ולהרגיש שלווה, אפשרויות והתרחבות. זו אפילו אדיבות להעניק את השיפוטיות שלכם לאדמה.

על ידי הענקת דשן השיפוטיות שלכם לאדמה, אתם תרתי משמע מדשנים אפשרויות חדשות עבורכם ועבור אחרים.

אז, מה אפשרי?

קודם כול, כשאתם משתחררים מכלוב ההתעללות שהחזיק אתכם בתוך נרטיב "הקורבן", כל העולם פתוח בפניכם. שם בחוץ, במרחבים הפתוחים, אתם מבינים שיש לכם עוד אפשרויות בחירה באיך לחיות את חייכם, ואיך להתייחס לעצמכם ולאחרים.

לדוגמה, במקרה שלי, כשגיליתי מי אני באמת מעבר לילדה הכבויה, אומללה והרסנית שהייתי, למדתי שאני אדיבה, נהדרת, פנומנלית ומצחיקה.

מי ומה מחכה להתגלות על ידכם?

ככל שתתרגלו בחירות חדשות, אתם תפתחו ביטחון עצמי. דפוסי ההתעללות הישנים שלכם לא ישלטו בכם יותר. עכשיו, אתם אלו ששולטים בהתעללות שעברתם, ובכך, מחזיקים ביכולת לבחור חיים חדשים עבור עצמכם.

אתם כבר לא חייבים ליצור חיים מתוך הרס, אלא מתוך בחירה.

אני יודעת שזה נשמע כמו משימה קשה כי, בכנות, אתם כנראה יותר מחוייבים לנרטיב הקורבן מאשר לאפשרות של החיים מעבר לו. אני רואה את זה שוב ושוב אצל אנשים שמגיעים אלי לראשונה. אתם כנראה מרגישים כמו קורבן הנסיבות, כמו שאני הרגשתי במשך המון זמן, כאילו אין שום דבר שאתם יכולים לעשות לגבי זה.

אבל זה שקר...

פשוט ככה.

אדיבות כאנרגייה יצרנית

ילדים שחוו התעללות לרוב יאמינו שהם רעים ולא בסדר, ובמקרה שלי, השיחה עם המרצה שלי ל-"אלימות במשפחה" בקולג', והעזרה שלה, עזרו לי להבין שאני לא חסרת תועלת.

המרצה הזו היתה האדם הראשון שאי פעם שאל אותי אם אני בסדר, והמקרה הבודד הזה של אדיבות הציף אותי במודעות לכמה לא בסדר הייתי. בתמיכתה, התחלתי להבין שיש משהו שאני יכולה לעשות כדי להתגבר על ההתעללות שעברתי - שאני יכולה להמשיך מעבר להישרדות, ואפילו מעבר לשגשוג, ביום מין הימים.

זה היה כאילו היא העבירה לי את הקוד הסודי כדי לפתוח את כלוב ההתעללות העצמי שלי.

התחלתי לראות את הדפוסים המתעללים וההרסניים שהנצחתי דרך התנהגות חסרת אחריות, והתחייבתי להתחיל לפעול אחרת. לא עשיתי את זה לבד. בזכות תמיכה מקצועית ושיחות חסויות, הצלחתי סוף-סוף להשתחרר מנרטיב הקורבן בו חייתי כמעט שלושה עשורים.

כששוחררתי מכך, כלוב ההתעללות הבלתי נראה התחיל להתפורר גם הוא. כבר לא הייתי זקוקה למחסומים והקירות שהקמתי סביבי כדי להגן על עצמי, כשלאט לאט הבנתי שיש לי

עוד בחירות לאיך לחיות את חיי ואיך להתייחס לאחרים ולעצמי.

וכל זה התחיל בזכות מקרה בודד של אדיבות שבהחלט "אידה חוסר הבנות, חוסר אמון ועוינות".

כמובן, לא כל רגע של אדיבות יעשה את כל זה. אדיבות לובשת הרבה צורות. היא נעה בין המעשה הכי פשוט - כמו חיוך - שלא לוקח יותר משנייה, ועד הצעות עזרה אקסטרווגנטיות. היא יכולה להיות אקראית ולהגיע משום מקום, או להינתן כתגובה לצרכים של מישהו.

ובאמת, זה כנראה יותר טבעי עבורכם מכל גישה אחרת כי, כמו שאמרתי בתחילת הפרק, האדיבות *כבר קיימת בתוככם*.

אתם לא צריכים להתאמץ כדי למצוא אותה, אפילו שהיא יכולה להרגיש רחוקה מכם שנות אור כשאתם עדיין כלואים בתוך שיפוטיות. אז, אם קשה לכם להיות אדיבים, תתחילו להסתכל סביבכם ולשים לב לשיפוטיות הקיימת מתחת לפני השטח, וחוסמת לכם את הנוף לאדיבות.

דרך אחת לעשות זאת היא לשאול שאלות כמו:

- *"האם אני שיפוטית או אדיבה כלפי זה?" - בין אם זה בהקשר למערכת היחסים שלכם עם כסף, עם אחרים, עם הגוף שלכם, או כל דבר אחר.*
- *"האם זה מרגיש מרחיב, או מגביל?"*
- *האם זה מרגיש קליל או כבד?"*

בכך שתתחייבו לעצמכם ותתחייבו לקבל אדיבות עבור עצמכם - גם מאחרים וגם מכם - מרחב חדש של אנרגיה ומודעות יכול להיפתח - מקום של קבלה שהוא תוסס, חי, עסיסי, בעל גברא, *והוא כולו לגמרי אתם*.

אדיבות מכניסה לחייכם חיוניות רבה, והיא דורשת רק ארבעה דברים מכם:

1. *אמצו את מה שנכון עבורכם*
2. *בחנו את מה שבאמת עומד מולכם*
3. *התרחבו לתוך אפשרויות, מודעות ובחירות חדשות*
4. *גלמו את השינוי והאמת שבכם*

באופן מאוד ליטראלי, ללמוד אדיבות זה כמו ללמוד שפה חדשה. במקרה האישי שלי, זו לא הייתה שפה שהכרתי לפני. היא לא הייתה שפת "האם" שלי, זו שדיברו בה בבית בילדותי, ולקח לי אימון של שנים כדי לא רק ללמוד להבין אותה, אלא גם לדבר אותה באופן שוטף.

וכמו כל שפה, האדיבות היא אנרגיה יצרנית ויצירתית - בדיוק מה שצריך כדי ליצור חיים חדשים עם אנרגיית התרחבות.

הדבר היפה הוא, שבכך שתוותרו על השיפוטיות ותרתמו לעצמכם את כוח האדיבות והעדינות, אתם תוכלו למוסס את כל הדברים הלא נעימים שחוויתם, ובכך לשחרר מהם ומהצורך להגן על עצמכם.

אתם תוכלו סוף סוף להשיל מכם את הקוצים ולהיות פתוחים לקבלת חיים מלאי שפע - להיות המתנה שאתם יכולים להיות עבורך עצמכם ועבור העולם. במקום הזה, חסר המחסומים, אתם תגלו מרחב יותר עדין ופגיע... שפעם היה קדוש ובטוח.

כאן, במקום הזה, אנרגיית הקבלה זורמת בחופשיות ובקלילות, כמו נהר.

אתם רק צריכים לבחור בכך, לצעוד לתוך המרחב הזה ולתת לו להוביל אתכם בדרכו הרחבה והנדיבה. הכל פה נמצא בהישג ידכם.

בפרק הבא, אנחנו נדבר יותר על קבלה, ובפרט על "קבלה מפתה".

פרק 5

לאמץ קבלה מפתה כדי להיות המתנה שאתם

מאותו רגע ואילך, הבנתי שזה מה שאני רוצה לעשות, מה שאני אמורה לעשות: להעניק אנרגייה ולקבל אותה חזרה בצורת מחיאות כפיים. אני אוהבת את זה. זה העולם שלי. אני אוהבת את זה. אני נהנית מזה. אני חיה עבור זה.

‏– אריקה באדו

עכשיו, בתקווה, אתם מתחילים להרגיש שאתם כאן כדי לחיות חיים יותר גדולים ממה שיכולתם לדמיין לעצמכם עד עכשיו.

לא משנה מה.

אולי ה"מה" שלכם – כמו שלי – הוא להתגבר על עשורים של התעללות ולהתחיל לחיות בחיות רדיקלית. אם אני הצלחתי להמשיך הלאה ולייצר לעצמי חיים יותר טובים מכל מה שיכולתי אי פעם לחלום עליו, אני יודעת שגם אתם יכולים. בכנות, אני יודעת את זה על כל הלקוחות שלי

בין אם התמודדתם עם התעללות או שלא, אם אתם קוראים את הספר הזה, כנראה שיש משהו בחיים שלכם שמרגיש כמו מלכודת, כמו כלוב, ואתם מרגישים נעולים מחוץ לגן בו קיימת האפשרות לחיות בקבלה.

החדשות הטובות הן שהמפתח כדי לשחרר את *העצמי הלא מקבל* שלכם, נמצא בתוככם.

מה זה קבלה?

קבלה היא פעולה שאתם מבצעים ללא מחסומים לאף אחד ולשום דבר. זה מרחב של פגיעות, של פתיחות, של אחדות עם העולם. לקבלה אין גבולות או התחייבויות. היא לא נכפית או נדרשת, היא פשוט דרך להיות המרחב שהוא *אתם*, באנרגיה *שלכם ובמודעות של עצמכם*!

כדי להיות האנרגיה, המרחב והמודעות שלכם, אתם פשוט צריכים לדמיין כאילו אתם בגודל של היקום וכדור הארץ. בתוך הגדלות הזו, אתם הכל ושום דבר בו זמנית. אתם חלק מהכל כי יש חיבור מולקולרי קיים שכולל מודעות להכל ועל הכל.

האנרגיה הזאת, לה אני קוראת "קבלה", נותנת לכם כוח טוטאלי, בחירה טוטאלית, מודעות טוטאלית, עוצמה טוטאלית, מתוך הפגיעות שנמצאת ביכולת להיות הכי גדולים שאפשר.

איך העולם ייראה אם כולנו נחיה בתוך המרחב האנרגטי הזה?

לצערי, אנרגיית הקבלה בעולם הזה עכורה ממלחמות, קונפליקטים, התעללות וטרור, שהם *ההפך הגמור* מאנרגיית קבלת הכל. קבלה יוצרת - התעללות הורסת. קבלה מייצרת - מלחמה הורסת. קבלה מייצרת שותפות - קונפליקט יוצר הפרדה. קבלה בונה קיום - טרור מבטל בחירה. לבחור זה לקבל.

לקבל זה לבחור להיות מעבר לצורה ולמבנה של המציאות הזו.

אז, לקבל זה הנשק הכי חזק שיש לנו כדי להשמיד אופני הווייה מיושנים - פשוט על ידי כך שנהיה האנרגיה של קבלה טוטאלית.

מה היא אנרגיית הקבלה?

קבלה היא האנרגיה שדרושה כדי לחיות את החיים שאתם רוצים. היא גם האנרגיה שאתם כנראה חוסמים מחייכם אם עברתם כל סוג שהוא של התעללות.

איך תדעו אם אתם חוסמים את אנרגיית הקבלה?

- אתם משתוקקים לשותפות, אבל מרגישים שאתם תקועים במערכות יחסים לא מספקות.
- אתם רוצים להצליח בקריירה שלכם, אבל אתם תקועים במישור ולא מבינים למה אתם לא מרוויחים יותר.
- אתם חולמים להיות בריאים ותוססים, אבל אתם מתמודדים עם מחלה כרונית.

בתהליך הריפוי האישי שלי, גיליתי שיש קשר ישיר בין התעללות לבין הנטייה לחסום קבלה. ובכל זאת, יש דרכים לפתוח את החסימה הזו. בהמשך, אני מפרטת את חמשת השלבים שיכולים לסייע לכם:

חמשת השלבים לפתיחת החסימה של אנרגיית הקבלה

שלב 1: הכירו בקיפוד הבלתי נראה

באיזו תדירות אתם סומרים כשמישהו מתקרב אליכם? אני קוראת לזה "הקיפוד הבלתי נראה". זו תופעה שאני מכירה טוב מאוד, גם על עצמי וגם על מטופלים שעבדתי איתם בשני העשורים האחרונים.

אתם יודעים מאיפה מגיעים הקוצים האלו? מההתעללות שעברתם. פעם, מזמן, חייתם בעולם שלא היה בטוח בשבילכם, אז הצמחתם קוצים כדי לנסות ולהגן על עצמכם. באותה תקופה, הקוצים האלו עשו עבודה מצוינת. אבל הם פשוט התיישנו כבר.

כמה אתם מונעים מעצמכם בגלל הקוצים האלו?

בדיוק כמו שקיוויתם שהקוצים ירחיקו את המתעללים שלכם, הם עכשיו משאירים אהבה, כסף, לקוחות וכל דבר אחר במרחק "בטוח". המרחק הבטוח הזה חוסם קבלה כי אתם תמיד מתכוננים לקטסטרופות שיכולות לקרות.

אולי הגיע הזמן לעדכן תוכנה?

הצעד הראשון כדי לבטל את חסימת אנרגיית הקבלה היא להכיר בכך שהייתם קיפוד בלתי נראה, חמושים בקוצים, ומוכנים להגן על עצמכם 24/7 בכך שנכנסתם למצב תקיפה באופן קבוע.

שלב 2: סלקו את הנרטיבים שחוסמים קבלה

כשחוויתם התעללות, נכפה עליכם "לקבל" משהו שלא רציתם לקבל. באותו רגע, יצרתם נרטיב בו זה לא בטוח לקבל שום דבר. אהבה? כסף? בריאות? הכל תויג כמסוכן.

במקרה שלי, לקבל כסף פירושו היה לקבל שיפוטיות. מבחינתי, זה היה לעשות את מה שאמא אומרת כדי לא לחטוף מכות. זה היה לקבל ולחיות במציאות של אנשים אחרים מתוך רצון נואש לקבל טיפוף ואהבה (שמעולם לא קיבלתי, חוץ מבצורת כסף, חפצים ובסופו של דבר - התעללות).

מה קבלה אומרת עבורכם?

אילו נרטיבים סיפרתם לעצמכם לגבי קבלה ששומרים על הקוצים שלכם חדים? אתם מוכנים לשחרר מהנרטיבים האלו

מי או מה תייגתם בשוגג כקבלה, כשזה בעצם היה התגוננות?

שלב 3: להכיר בכך שהקוצים דוקרים לשני הכיוונים

בדיוק כמו שה"קוצים" של הקיפוד הבלתי נראה פונים כלפי חוץ ושומרים את כל החיים (אהבה, כסף, בריאות ועוד) במרחק "בטוח", הם גם פונים כלפי פנים ועוצרים אתכם מלהתקדם בחייכם.

בנקודה מסוימת, אולי לפני זמן רב, למדתם שזה לא "בטוח" להתקדם. בניסיונכם לברוח מהההתעללות או לספר למישהו אודות ההתעללות שאתם עוברים, אתם אולי התנתקתם. בכל מקרה, התרחקתם מעצמכם בניסיון לשמור על עצמכם.

אז, אתם ממשיכים לדקור את עצמכם עם הקוצים שלכם בצורת נרטיבים שאומרים כי זה לא בטוח להיראות או להישמע.

אתם יודעים מה הכי כואב בכל הדבר הזה? אתם חיים את חייכם במרחק "בטוח" מעצמכם, ואף פעם לא מקבלים את *מלוא היופי והעוצמה של עצמכם.*

אתם אף פעם לא זוכים *לקבל* את עצמכם.

ובכנות, אתם בטח בקושי, אם בכלל, מכירים את עצמכם - את מי שאתם באמת, עמוק בפנים - כי תמיד הייתם הקוצים של עצמכם, ואף פעם לא איפשרתם לעצמי האמיתי שלכם להתגלות.

זו ההתגלמות האמיתית של מגיפת ההתעללות: אנחנו מתגרשים מעצמנו.

בדיוק כמו בשלב 1 ושלב 2, אתם צריכים להכיר בכך שהקוצים האלו פוגעים גם בכם, ולשחרר מהנרטיבים שאתם מספרים לעצמכם על התוצאות האפשריות של התקדמות בחיים, והדרך לעשות את זה היא באמצעות סליחה וקבלה. אלו המפתחות לצעד הזה, ורק לכם יש אותם

לסלוח ולקבל את עצמכם זו האדיבות הכי גדולה שתוכלו
לקבל.

שלב 4: לשחרר מהקבלה הכפויה

כמו שהזכרתי בשלב 2, כשחוויתם התעללות, נכפה עליכם
"לקבל" משהו שלא רציתם. זה נקרא "קבלה כפויה".

איך חוויית העבר הזו משפיעה על האופן בו אתם נותנים
לאחרים עד היום?

האם התרחקתם מהקבלה הכפויה, או שאתם עדיין מנציחים
את המעגל? קבלה כפויה גורמת לכם להידחות שוב ושוב.
זה מה שמונע מכם להגיע לשותפות אמיתית בכל אספקט של
חייכם.

איך תדעו אם אתם כלואים במעגל האכזרי של "קבלה כפויה"?

אתם חושבים שאתם יודעים מה הכי טוב עבור אחרים: "הנה,
תאכל את זה", "תעשי את זה", "תיקח את זה". אתם נותנים
לאחרים את מה שאתם חושבים שהם "צריכים" לקבל, במקום
את מה שהם מבקשים לקבל.

בעצם, אתם חיים כאילו אתם עליונים לכולם, ובפועל אתם לא
מודעים לשום דבר. רק כי אתם יכולים לעשות דברים עבור
אחרים, לא אומר שהם רוצים את זה. להכריח מישהו לקבל
מכם את מה שאתם חושבים שהוא הכי נכון עבורם מרמז על
כך שאתם יודעים טוב יותר, שאתם חכמים יותר, שאתם
מודעים יותר, וזה מוריד לחלוטין מהערך שלהם. זה חוסר כבוד
עמוק להוויה שלהם.

אז, תפסיקו לכפות את הרצון שלכם על אחרים, ותאפשרו להם
להיות מי שהם ותקבלו אותם בתור מי שהם, לא מנקודת
מבטכם. סקרנות פשוטה כלפי אדם אחר יוצרת מערכות יחסים
מקבלות ומאפשרות.

אז, איך אתם עוברים מ-"קבלה כפויה" אל אפשרויות נוספות?

· · ·

שלב 5: אמצו קבלה מפתה

הכל מתחיל במודעות. ברגע שתהיו בתשומת לב לשימוש שלכם ב-"קבלה כפויה", אתם תתחילו לבחור לפעול אחרת.

למה שלא תנסו קבלה מפתה?

נכון, פיתוי אולי נשמע לכם קצת מסוכן, בטח אם עברתם התעללות כתוצאה מכך שהייתם או עשיתם משהו ש"פיתה" מישהו לכפות את עצמו עליכם.

אז רק נזכיר, כמו בשלב 2, שאתם יכולים לבחור לסלק את הנרטיב הזה, שחוסם אתכם מלקבל.

מה אם יש דרך "בטוחה" להיות פתיינים?

ומה אם "קבלה מפתה" היא הכרחית כדי להזמין לחייכם את כל מה שאתם רוצים? המתעללים שלנו ניסו לקחת מאיתנו משהו שלא הייתה להם הזכות לקחת. להרחיק מעצמכם פתיינות או חיות אורגזמית משאירה את המתעללים בעמדת כוח עליכם. ההפיכה לפתיינים עבור עצמכם משחזרת מרחב קיום שתמיד היה בנמצא אצלכם, גם לפני ההתעללות. תקחו את זה, זה שלכם.

עם קבלה מפתה, אתם הופכים להיות המזמנים של כל מה שאתם חושקים בו. אתם הופכים להיות האנרגיה של אפשרויות בריאות, מערכות יחסים, פרנסה וקריירה טובים יותר.

מה צריך לעשות כדי שהאדיבות והעדינות יהיו כל כך חזקים, עד שהם ימיסו את כל הדברים הלא נעימים שעברתם (ושאתם עדיין מנסים, בעזרת הקוצים שלכם, "להתגונן" מפניהם?)

במקום הזה, של קבלה מפתה, אתם באמת הופכים להיות המתנה שאתם יכולים להיות: עבורכם ועבור העולם

במקום הזה של פגיעות רכה, אתם משחררים מהקוצים. אין יותר מחסומים. כאן, אנרגיית הקבלה זורמת דרככם בקלילות ובחופשיות. המרחב, האנרגיה והמודעות לקבלה תוססת, חיה, עוצמתית, עסיסית ופשוט טעימה.

היא טעימה כי אתם אתם.

היא חיה כי אתם מגלמים את האנרגיה שלכם.

היא עוצמתית כי הכוח החזק ביותר שלכם הוא אדיבות.

היא תוססת ועסיסית כי אתם מאפשרים לכל מה שאתם לקבל את מתנת המציאות הזו, שמשנה את כולם ואת הכל בתוכה ומסביבך אפילו ברמה המולקולרית.

קבלה מפתה היא הצורה הטובה ביותר של חיות שקיימת על כדור הארץ. לכולנו יש אותה באופן מהותי, וככל שתאמצו אותה יותר, כך תתחברו יותר לאנרגיית ההתרחבות, כמו שתגלו בפרק הבא.

פרק 6

אנרגיית ההתרחבות

כשחיים את החיים האישיים באופן העמוק ביותר, הם תמיד
מתרחבים לכדי האמת שגדולה מהחיים עצמם.
~ אנאיס נין

כשהייתי בת שבע, אני זוכרת איך הסתכלתי מחלון חדר השינה
שלי על הירח בתפילה כבדה שישבה על הלב שלי. כבר אז, כבר
חוויתי מגוון התעללויות פיזיות, מיניות, רגשיות ומנטליות
שהמשיכו עד לשנות ה-20 לחיי. וכבר באותו גיל צעיר
התחייבתי לעצמי לצאת ממה שאני קוראת לו כלוב
ההתעללות הבלתי נראה, כי ידעתי שיש אפשרויות אחרות.

באותו יום נשבעתי שאני אמצא דרך לחיות מעבר לחיים אותם
אני חיה. נשבעתי שאני אעשה כל מה שאני יכולה כדי ליצור
עולם בו ילדים יוכלו להניח את ראשם על הכר בלילה, ולישון
בשלווה.

לקח לי שנים והרבה תמיכה ואומץ כדי ללמוד את אמנות
אנרגיית ההתרחבות. מצאתי דרך בה יכולתי לשגשג מעבר
להתעללות המינית שעברתי בילדותי, ותמכתי בהמון אנשים

כדי שאלו יחיו מעבר להתעללות שלהם, וייצרו לעצמם חיים חסרי גבולות.

אני מטיילת בעולם כדי להעביר שיעורים. יש לי תכנית רדיו בקול אמריקה בה אלפי אנשים מאזינים לי כל שבוע בתכנית שלי "מעבר להתעללות, מעבר לטיפול, מעבר להכל".

אפשר לומר שעמדתי בהבטחה שלי לאותה ילדה בת שבע שהייתי.

בחרתי לא לוותר, לא להיכנע, ותמיד לנסות לעשות את מה שחשבתי שהוא בלתי אפשרי. ועכשיו, אני מחויבת לחיסול והעלמת ההתעללות מעל פני כדור הארץ כדי שכל הילדים והמבוגרים יוכלו לחיות את המציאות המעצימה והמרחיבה לה הם זכאים מלידה.

לא הכל הוא ההתעללות

אני אבהיר, לא חייבים לעבור התעללות כילדים כדי להיכלא בכלוב ההתעללות הבלתי נראה של עצמכם, זה שעוצר אתכם מאנרגיית ההתרחבות ומכל הטוב שאתם חושקים בו.

לכלוב הבלתי נראה מגוון פרצופים, והוא שמח לכלוא בתוכו כל אחד ואחת.

אם נכלאתם בכלוב, אתם כנראה מוכנים לשבור אותו ולצאת לחופשי כדי ליצור את העולם שאתם יודעים שאתם יכולים ליצור. אולי, כמוני, כבר התחייבתם לעצמכם לעשות את זה, אבל אתם פשוט לא בטוחים איך.

אני מזמינה אתכם לחקור את דרכי "הכלוב הבלתי נראה" שעוצר בכם מלהגיע לגדולות שאתם יכולים להגיע אליהן כדי שגם אתם תוכלו לצאת מהכלוב המגביל ולתוך התגלמות אנרגיית ההתרחבות.

. . . .

להכיר באנרגיית ההתרחבות

אם אתם מתחילים במסע הזה, יעזור לכם להבין מה אתם מחפשים ליצור. אנרגיית ההתרחבות היא:

- לדעת את גדולתכם ולהכיר את הישות הקסומה שאתם באמת
- לחיות חיים של כיף, של חופש, של אושר ושל חיות רדיקלית
- להכיר בכך שיש תמיד אינסוף אפשרויות
- לבקש ולקבל את מה שאתם חושקים בו
- לחוות שותפות עם עצמכם ועם אחרים
- לתת לעולם את המתנה שאתם באמת
- לבחור ליצור חיים שמעצימים את החיים מעבר לכל גבול

די מדהים, לא ככה? דמיינו לעצמכם אילו חיים תוכלו ליצור כשאתם מגלמים את אנרגיית ההתרחבות.

כדי לקבל על עצמכם ולפעול מתוך האנרגיה העוצמתית הזו, בואו נראה מה המגבלות הכי גדולות של הכלוב הבלתי נראה ואיך ממשיכים הלאה מהן כדי לגלם את אנרגיית ההתרחבות שקיימת בכם.

מהתקרבנות להעצמה

כילדה, הייתי מאוד כבויה. שום דבר שעשיתי לא שינה כלום: עדיין התעללו בי. גדלתי באמונה שאין שום דבר שאני אוכל לעשות כדי לברוח מההתעללות. הייתי הקורבן.

אני סחבתי את נרטיב הקורבן הזה אל תוך שנות ה-20 לחיי – שתיתי, חגגתי, עשיתי סמים ולקחתי חלק בעוד התנהגויות חסרות אחריות כדי לנסות ולברוח מהכאב של ההתעללות שעברתי. לא היה לי אכפת מעצמי. לא ידעתי כמה נפוץ זה

בקרב ילדים שחוו התעללות לחשוב שאנחנו לא בסדר, ושאנחנו רעים.

המסע מעבר לנרטיב ההתעללות הוביל אותי בתוך כלוב ההתעללות אל תוך עצמי, ומשם אל מחוץ לכלוב, ואז גיליתי מי אני באמת. גיליתי מי אני מעבר לילדה הכבויה, האומללה וההרסנית שהייתי. למדתי שאני אדיבה, מבריקה, פנומנלית ומצחיקה.

הבנתי גם כמה אפשרויות נוספות יש לי בחיים, ואיך אני מתייחסת לעצמי ולאחרים. ככל שפעלתי בבחירות נוספות, פיתחתי ביטחון עצמי. התעמתתי מול הדפוסים הישנים שלי והכרתי בכך שהם הרסניים עבורי. ואז בחרתי ליצור את החיים שלי מתוך אור ומתוך מה שנכון עבורי. למרות ההתעללות, בחרתי לתת לעצמי את האפשרות ליצור משהו שונה לחלוטין מכל מה שהייתי, אבל משהו שעדיין מחובר למי שתמיד הייתי בפנים.

ומה איתכם?

האם "נרטיב הקורבן" עדיין שולט בחיים שלכם? האם גם אתם משחזרים את מעגל ההתעללות דרך דפוסים הרסניים, ויכולים לראות כמה זה מחליש?

מה אם באמת תוכלו ליצור את החיים שלכם מתוך בחירה, ולא מתוך הרס?

אם חוויתם כל סוג של התעללות בחייכם, או כל "עוולה", אתם כנראה יותר מחויבים לסיפור "האני המסכן" מאשר לאפשרות של החיים מעבר לו. אתם אולי מרגישים קורבן לנסיבות, כמו שאני הרגשתי במשך כל כך הרבה שנים, וכאילו אין שום דבר שתוכלו לעשות כדי לשנות את זה. כל פעם שאמרתי שאין שום דבר שאני יכולה לעשות כדי לשנות משהו בחיים שלי, ידעתי שאני משקרת. הבחירה שבחרתי היתה ההבדל בין מי שאני לבין הרגשות שלי. הבנתי שאני לא הרגשות שלי, אלא הבחירות שלי.

אבל, אם בוחרים בכך, מאפשרים לזה להיות "שלב" במסע שלכם מחוץ לכלוב ההתעללות ואל תוך אנרגיית ההתרחבות. אתם מוכנים לשחרר מנרטיב האין ברירה? אם כן, הצעדים הבאים יכולים לעזור להנחות אתכם.

שלושת הצעדים כדי לעבור מקורבנות אל העצמה

• פנו לעזרה מקצועית

בהרבה מהמקרים, האנשים איתם אתם חולקים את הבעיות שלכם הם אותם האנשים - המשפחה או החברים - שעזרו לכם ליצור את הבעיות האלו. שיחות עם איש מקצוע מאיצים את התנועה שלכם במסע מחוץ לנרטיב ההתעללות. לחלוק את מה שאתם רוצים ליצור עם מישהו אחר ולשתף איתם פעולה מתוך מקום מעצים ומתוך הבחירות שלכם יכול לייצר קפיצת דרך משמעותית בהפסקת ההתעללות העצמית שלכם. זו תכנית בטוחה לחיות רדיקלית. אנשי המקצוע שעבדתי איתם הפכו לשותפים לדרך ההחלמה שלי. עכשיו אני מאפשרת לעצמי להיות אשת מקצוע בתחום ולעזור לאחרים, ולעצמי. לעולם אל תשפטו את הזמן או הדרך שהמסע הזה ייקח אתכם בו, פשוט תמשיכו לבחור מעבר למגבלות של מה שמעולם לא היו המגבלות ששמתם לעצמכם מלכתחילה.

• שתפו את הסיפור שלכם ושחררו את כל הסודות שלכם

סודות שומרים עליכם בעמדת הקורבן. הם מייצרים בושה ושומרים עליכם חלשים ותקועים בתוך מגבלות והגבלות. עבור כל סוד, אתם מחזיקים ב-25 סיבות והצדקות לשמור עליו סודי. הסודות האלו הופכים להיות משקל מכביד ומעכירים את האותנטיות שאתם חושקים בה. ובהרבה מקרים, הסודות האלה הם בכלל לא שלכם. הם בדרך כלל התגלמות של שיפוטיות שאחרים הפעילו עליכם כדי לעצור אתכם מלהיות

עצמכם. שיפוטיות היא המגפה האמיתית של המציאות הזו, בעיקר סביב נושאים של התעללות.

• תבחרו בלשחרר - והתקדמו הלאה מ-"נרטיב הקורבן"

כשאתם משחררים מהנרטיב שלכם וממשיכים מעבר אליו, אתם מתחילים לצעוד לתוך העצמי הקסום שאתם באמת. אתם מגלים את אנרגיית ההתרחבות שזמינה עבורכם מעבר לכלום. ההשתחררות מהנרטיב היא אמנות, והיא דורשת בחירה אקטיבית כדי ליצור את מה שאתם באמת רוצים לחיות ולעשות. ההתעללות "מרגישה" כאילו מעולם לא הייתה לכם ברירה. באותו הרגע, באמת לא הייתה לכם, אבל בשנים שעקבו אחרי ההתעללות - הייתה לכם ברירה בכל שנייה, בכל יום. החלטתי שמעתה והלאה, הנרטיב שלי יהיה מבוסס על מה שאני יוצרת ולא על מה שקרה לפני שנים.

כשמתקדמים הלאה מהסיפור הישן שסיפרתם לעצמכם שהוא אתם, אתם תתחילו לחוות את אנרגיית ההתרחבות: חופש, אושר, וגדלות אישית. אתם תתחילו לראות עוד אפשרויות עבור עצמכם ועבור חייכם, ותגלו מקורות חדשים לעוצמה במקומות מפתיעים. זה יעיר בכם את התובנה שאתם תמיד הייתם אתם מעבר להתעללות, וגם לפני ההתעללות. ההתעללות אף פעם לא חייבת להגדיר אתכם. אתם כל כך הרבה יותר ממנה, ותמיד הייתם.

מהתגוננות לפגיעות

כשאמא שלי קיללה אותי וקראה לי בשמות, לא בכיתי או נתתי לה לראות כמה זה פגע בי. עשיתי מה שביקשו ממני, סיימתי עם זה, ועליתי לחדר שלי כדי להתחבא. כשהיא הרביצה לי, "התמגנתי" והתכוננתי. ידעתי לא לבכות כי ידעתי שהיא רק

תכה אותי יותר. ידעתי שזה ייגמר מהר יותר אם אני פשוט אספוג את זה ואעטה את ה-"שריון" הבלתי נראה שלי בכך שלא אבכה.

גדלתי באמונה שאני אהיה יותר בטוחה אם אהיה קשוחה. פיתחתי שריון עבה שיגן על העולם הפנימי הרך שלי. ככה המתעללים שלי רק פגעו בשריון שלי - ומעולם לא באמת "הגיעו" עד אליי.

כמו שאמרתי בפרק מוקדם יותר, אני קוראת לסוג ההתנהגות הזה "עטיית שריון הקיפוד הבלתי נראה". בדיוק כמו שקיפוד מגן על עצמו עם קוצים חדים, גם אתם יכולים לעטות שריון עטוף קוצים בלתי נראים. זה הניסיון הכי טוב שלכם להגן על עצמכם מעולם שמרגיש לא בטוח.

אבל כמה תוכלו להתרחב אם אתם כל הזמן במצב של התגוננות?

בדיוק כמו שקיוויתם שהקוצים ירחיקו את המתעללים שלכם, הם עכשיו שומרים על מערכות יחסים, כסף, לקוחות וכל דבר אחר במרחק "בטוח".

הקוצים האלה חוסמים אתכם מלקבל את החיים שאתם רוצים, כי לקבל כל דבר מרגיש לכם מסוכן.

כמה דברים אתם דוחים מחייכם ברגע זה בכלל מנגנוני ההגנה שלכם? בדיוק כמו שהקוצים הבלתי נראים האלה פונים כלפי חוץ, ושומרים על דברים שונים בחיים כמו מערכות יחסים, פרנסה ולקוחות במרחק "בטוח, הם גם פונים כלפי פנים, ומונעים מכם באמת לחיות את חייכם.

בנקודה כלשהי, כנראה בעברכם הרחוק, למדתם שלקחת צעדים קדימה זה לא "בטוח". אולי התנתקתם מעצמכם בניסיון להתחמק או לסיים מקרי התעללות. בכל מקרה, הרחקתם את עצמכם מהאוי האמיתי שלכם בניסיון לגונן על חייכם.

כתוצאה מכך, אתם ממשיכים לפצוע את עצמכם עם הקוצים המגוננים של עצמכם, שבאים לידי ביטוי כשיפוטיות עצמית ובאמונה שזה לא בטוח להביע את האני האמיתי שלכם. בניסיון לברוח מכל איום פוטנציאלי שעוד יכול להיות קיים "שם בחוץ", אתם ממשיכים להקטין את עצמכם, ואפילו משתדלים לא להתבלט.

אתם רוצים לדעת מה הדבר הכי כואב בכל זה?

אתם חיים את חייכם במרחק "מוגן ובטוח" מעצמכם, אף פעם לא מקבלים את היופי והעוצמה *שקיימת בכם*, ואף פעם לא חווים את העוצמה של הפגיעות שלכם.

פגיעות היא להיות *עצמכם* בלי שריון, בלי התגוננות. כדי להבין שאני יכולה להיות "בטוחה" בלי השריון, הייתי צריכה פסיכולוגים, הילרים, בני זוג ובסוף גם את עצמי.

לאורך זמן, סוף-סוף שחררתי את האני האמיתי שלי ואת הקוצים החיצוניים שלי.

וכשהקוצים שלי נעלמו, גיליתי רבדים חדשים של פגיעות ששימשו אותי הרבה יותר משהקוצים אי פעם שימשו אותי.

במרחב פתוח ורך, חוויתי שותפות עם עצמי ועם אחרים כמו שלא הכרתי. יכולתי לבקש ולקבל את מה שבאמת חשקתי בו. הרגשתי יותר חיה מאי פעם, כי סוף-סוף הייתי בקבלה של עצמי ושל חיי.

גיליתי שיש עוצמה גדולה בפגיעות שנראית ומרגישה אחרת לגמרי מהחוזקה של ה"השתריינות". האמת היא, שהעוצמה הזאת היא ה"הגנה" הטובה ביותר שיכולתי לבקש.

אבל, אזהרה קטנה...

כשהשריון ייעלם, אתם אולי תרגישו קצת "ערומים" או חשופים - זה נורמלי לחלוטין. הכל בסדר. זה פשוט המרחב הפנימי הרך שלכם שנחשף לחיים של שותפות עם עצמכם מעבר לשריון.

ועדיין, יש אספקט פולשני אחד של השריון שיחסום אתכם מאנרגיית ההתרחבות, אלא אם תלמדו להשתחרר ממנו.

משיפוטיות לאדיבות

שיפוטיות זה ההפך מהתרחבות. זו דרך של הגבלה ומגבלות, וזו צורה פולשנית ביותר של התעללות עצמית.

כששופטים מישהו אחר, אתם בעצם מתגוננים, מתנתקים ומכחישים את מה שאתם לא מוכנים להכיר בו בעצמכם. *שיפוטיות גורמת לכם להמשיך לשקר לעצמכם ולנעול את עצמכם בכלוב הבלתי נראה של ההתעללות*, מה שנועל אתכם הרחק מעצמכם, מאחרים, מלחיות, וכמובן הרחק גם מהחיים שאתם חושקים בהם. כשאתם שופטים אחרים, אתם הופכים להיות הסוהר של עצמכם ונגעלים עוד יותר באמונה שאתם לא בסדר. שיפוטיות מחזירה אתכם למקום הנוחות של מה שאתם מכירים (כמה "רעים" אתם) ומבטיחה שלא תהיו יותר ממה שאתם כרגע. היא מנציחה את הכלוב הבלתי נראה של ההתעללות.

שיפוטיות מחזיקה אתכם קטנים ומתקשים, קורבניים וחסרי כוח, משוריינים וקהי חושים. כתוצאה מכך, אתם מפסיקים לייצר וליצור מעבר לכלוב. במקום זאת, אתם מנציחים את מעגל ההתעללות דרך התעללות עצמית.

איך זה אדיב עבורכם? עבור מישהו?

הדרך היחידה להמשיך הלאה מכלוב ההתעללות ואל אנרגיית ההתרחבות היא להמשיך מעבר לשיפוטיות, ויש שישה צעדים שיכולים לעזור לכם.

ששת הצעדים כדי לקבל גישה למרחב ללא שיפוטיות

- שבו במקום שקט, סגרו את עיניכם וקחו כמה נשימות עמוקות
- הרחיבו את האנרגיה שלכם אל האדמה
- הציעו את *השיפוטיות* לאדמה כמתנה
- היפתחו כדי לקבל את המתנה שהאדמה יכולה להיות עבורכם
- החזירו את האנרגיה שלכם חזרה אל תוך עצמכם ללא *השיפוטיות שלכם*.
- שימו לב למה אתם מודעים.

האדמה היא המקום היחיד בו *שיפוטיות* לא יכולה להתקיים. היא המקום אליו תוכלו לחזור שוב ושוב כדי לשחרר את *השיפוטיות* ולהרגיש את השלווה של אפשרויות ההתרחבות. זוהי אדיבות להעניק את *השיפוטיות* שלכם לאדמה. בכך שתעניקו את דשן *השיפוטיות* לאדמה, אתם מדשנים אפשרויות חדשות עבורכם ועבור כולם.

במרחב בו לא קיימת *שיפוטיות* קיימת אדיבות. אדיבות היא האמת של ההוויה שלכם ושל מה שתמיד הייתם.

אדיבות היא אנרגיה יצרנית. אחרי שטיילתי ברחבי העולם ועבדתי עם אלפי אנשים, גיליתי שאדיבות נחוצה כדי להתקדם הלאה מ*שיפוטיות*, התעללות והגבלות. האנרגיה היצרנית היא מה שיוצר חיים חדשים שמלאים באנרגיית ההתרחבות.

בתור תרגיל, קחו רגע ודמיינו...

- *מה יקרה בכדור הארץ תוך 50 שנים אם תבחרו באדיבות?*
- *מה יקרה אם תשתחררו מנרטיב הקורבן ותבחרו בדרך ההעצמה?*
- *מה יקרה אם תשתחררו מהשריון שלכם ותבחרו בעוצמת הפגיעות?*
- *אילו מחלות יעלמו?*
- *אילו קונפליקטים יפתרו?*

- אתם תהיו שמחים?
- איך אנרגיית ההתרחבות תפתח אתכם לעולם חדש של אפשרויות?

יש חיים מעבר להתעללות... מעבר לכלוב ששומר עליכם קטנים ואימפוטנטים.

אתם לא חייבים להיות צעירים כמוני בגיל 7, בוהים בירח, חולמים על חיים מעבר להתעללות, כדי להתחיל להשתמש בכוח המשיכה העז של אנרגיית ההתרחבות. זה עובד לכולם, לא משנה איפה אתם.

כל מה שנדרש הוא לבחור לשחק עם זה, ובכך עוסק הפרק הבא שלנו.

פרק 7

לשחק עם האור

כל יום אתם משחקים עם האור של היקום
פבלו נרודה ~

החיים יכולים להיות הרבה יותר פשוטים - והרבה יותר מהנים
מאיך שאנחנו חיים אותם -.

כל כך פשוטים שאפילו, בדרך כלל, כל 25 שנות העבודה שלי
כמטפלת אנרגטית לא-מסורתית מתכנסת לכדי רעיון מרכזי
אחד: למצוא מה לא עובד לאנשים, להעצים אותם לבחור טוב
יותר, לתרום למימוש הרצון שלהם ולייצר מגוון אפשרויות כדי
ליצור את החיים שהם חושקים בהם.

כשאני בהוויה הזו, התוצאות מדהימות.

וזה לא רק זה שהם מאושרים, למרות שהם בהחלט מאושרים.
זו גם העובדה שלא משנה מה "הבעיה" - שמסומנת על ידי
התרופות שהם לוקחים, המחלות שהם מאובחנים בהם,
המחסור בכסף, או כל דבר אחר - הכל נעלם. פוף! כמו קסם...
וכל מה שצריך כדי להשיג את התוצאות האלו, הוא רצון לבחור

להכניס את אנרגיית ודרישת המשחק עם האור לתוך חייכם. אז, למה לא יותר אנשים עושים את זה?

...זו שאלה טובה מאוד

מה שגיליתי בעבודה שלי היא שרוב האנשים עם עבר התעללותי מוצאים קושי במשחק, בהנאה, ובשחרור. זה לא שאין להם את היכולת - לכולנו יש אותה - זה פשוט שמשחק, בראש שלהם, מקושר למשהו אחר לגמרי - משהו "רע".

למשל, לפעמים משחק הפך לפעילות מינית בה משהו מרגיש לא נכון אבל גם טוב באותו הזמן. זה מבלבל כי אתם לא באמת בטוחים מה לא בסדר ומה כן, או מה בכלל קורה. במקרה הזה, משחק הופך להיות מקושר לבושה מינית, לתחושת לא בסדר שאומרת "אני לא אמורה לעשות את זה", וכל דבר שדומה לכך - כיף, שחרור, קלילות - משווה לתחושת חוסר שליטה, בדומה לאיך שמרגישים בזמן התעללות.

במשחק אמיתי, אתם משתתפים בפעילות לצורך כיף והנאה, ומזמינים משהו חדש לכדי קיום דרך הדמיון, דרך פעילות, דרך אפשרויות, דרך יצירה ודרך יצרניות.

עם ההתעללות, המשחק משתנה. הוא הופך לדבר רציני ופרקטי, והכל עוסק ב-"מה שיכול לקרות", וזה מגביל וחותך כל חופש ומודעות להנאה פרועה כמו ילד שמתרוצץ חופשי ביער. כשהייתם ילדים, לא הייתם צריכים לדאוג ולתהות אם משהו רע עומד לקרות. דברים מאוד מועטים היו יותר מהנים מאשר הבלתי נודע, הציפיה, ההפתעה. איזה ילד לא שאל בציפייה את השאלה, "מה זה, הבאת לי הפתעה?", ומחא כפיים בהתרגשות וציפייה? מצד שני, למישהו עם עבר התעללותי, הפתעה זה הדבר האחרון שהם ירצו. דריכות-יתר הופכת להיות מילת הקסם, ולהסתכל אחורה ומעבר לפינה הופך להיות משחק הישרדות.

הברון השודד של המשחקיות

עם ההתעללות, אתם ננעלים על אחזקת הגוף באופן מסוים, בהגבלת עצמכם באופן מסוים, ועושים דברים באופן מסוים כדי לא להיתקל שוב בהתעללות. אתם נכנסים לתוך אנרגיית המסקנות, ההחלטות, *השיפוטיות* והמגבלות. כמו דלקת פרקים חמורה, אתם הופכים לכל כך נוקשים שאתם לא נותנים לעצמכם להיום יצירתיים, יצרניים וזורמים. אתם תקועים במה שאני קוראת לו הכלוב הבלתי נראה של ההתעללות, אותו אני מתארת בספר הבא שלי, *יצירה אחרי התעללות.*

באותו כלוב שכפיתם על עצמכם, אתם לא יכולים להנות כי אתם תמיד מחכים לקטסטרופה הבאה שתקרה. לנווט בחיים הופך להיות כמו לשוט בנהר סוער. במצב הזה, אתם תוהים לעצמכם "למה זה תמיד קורה לי? הכל כל כך מאתגר. שום דבר לא מסתדר לי לא משנה כמה אני מנסה. למה הכל כל כך קשה?"

התשובה היא שאתם כלואים בין ארבעה "עמודים", או "ארבעת העקרונות" שהצגתי בפרק 3, עליהם בנוי הכלוב הבלתי נראה של ההתעללות: ניתוק, הכחשה, התגוננות, ודיסאוציאציה.

בעמדה זו לחיים, אפילו הפעולות היצירתיות הכי פשוטות, כמו לצאת לבד להליכה בטבע מתבטלות נגד כבלתי אפשריות כי אתם יותר מדי מודעים לעצמכם בעולם שהפך להיות מסוכן מדי עבורכם. תמיד על המשמר, מודעים כל הזמן לכך שהביטחון והנוחות שלכם יכולים להיפגע, וזה מחלחל לכל אספקט בחיים שלכם. זה בכל מקום - בגוף שלכם, במערכות היחסים שלכם, בכסף שלכם, במיניות שלכם - מגביל ומצמצם במקום להתרחב לתוך אפשרויות חדשות.

ממקום בריאותי, נוקשות ונעילה של הגוף יכולים להשפיע בחומרה על הבריאות. ללא פלואידיות ותנועה חופשית, יכולות להיווצר חסימות שתרתי משמע חוסמות את זרימת הדם ומונעות מחמצן ושאר חומרים מזינים וחיוניים להגיע לאיברים שלכם. לאורך זמן, זה יכול להחמיר לכדי מחלות כרוניות או

אפילו הפרעות אנדוקריניולוגיות ואדרנליות. זה בדיוק מה שקרה לי.

במערכות יחסים, אנחנו נוטים לבחור אנשים שיותר מאפשרים את הנעילה הקיימת בנו כי זה כל מה שאנחנו מכירים במערכות יחסים ומאמינים שזה מה שצריך להיות. אנרגטית, אתם בוחרים באנשים שבמודע או לא במודע מגבילים אתכם במקום לבחור באלו שמייצרים אפשרויות איתכם ועבורכם. ההכנסה שלכם ואפשרויות הפרנסה שלכם בסכנה כי אתם צריכים לפעול בזהירות. דוגמה אחת תהיה לקחת עבודה שאתם לא אוהבים כי היא נותנת לכם משכורת אמינה, למרות שאתם שונאים ללכת אליה כל יום. איפה הכיף בבחירה הזו?

זה לחיוך הפוך, נגד האנרגיה, במקום להתקדם יחד עם האפשרויות. החיים הופכים להיות "כמה אני בטוחה?" במקום "איזה מדהים! מה עוד אני יכולה ליצור?"

משחק ויצירתיות מוזנים מדמיון, ממחשבה פתוחה ושואלת שאלות, ממרחב רגוע ומהאפשרות שמשהו יצרני ומרחיב קורה. זה ההפך ממה שקורה במוח שלכם כשהוא מוחזק שבוי בתוך כלוב ההתעללות:

- צורך עז במבנה
- שתלטנות
- מוכנים לכל דבר
- צריכים לדעת הכל
- מרוחקים ומבודדים
- מוכווני מסקנות
- מתעמתים
- לא בוטחים בלא נודע
- לא בטוחים
- מודעות בכוונת-יתר

הכוחות היצירתיים שלכם מחזיקים עם הראש מעל המים בכך שהם מתחברים ברמה המולקולרית לאנרגיות החופשיות

המכירות באינסופיות של האפשרויות - מקום בו הכל אפשרי ושותפות היא בבסיס הקיום.

כשמשחקים, יש הרבה לא נודע, ומה יכול להיות יותר טוב מזה? אתם זוכים ליצור הכל, כל דבר שרק תרצו. אבל, אם חוויתם כל סוג שהוא של התעללות, ה-"לא נודע" מעורר פחד והורס את היצירתיות.

חיות רדיקלית ואורגזמית

שמתם לב כמה זמן ילדים נשארים עם אותו משחק, או עניין? הם פשוט עוברים מדבר אחד לשני - גוף ונפש מאוחדים - בנוכחות מלאה ברגע. הם בוחרים את הדבר הבא על בסיס מה שכיף ומרגש אותם.

בעבודה שלי, אני מתייחסת לזה בתור חיות רדיקלית ואורגזמית, בה כל הגוף נוכח בכל מה שאתם עושים. אתם לא דואגים מהעתיד, מלשלם חשבונות, מאיך אתם נראים - יש תחושה נהדרת של כיף ומשחק באוויר בכך שאתם פשוט נוכחים ברגע.

במצבים התעללותיים, אתם לא רוצים להיות שם בכלל.

אורגזמה זה לא רק מין... זה גם עונג חושני ומגולם. מה אם תרצו להריח ורד, או לקנות ורדים לעצמכם כדי שיהיו לכם צבעים יפים בבית? מה אם תרצו לשים תותים בגרנולה כדי שיהיה לה טעם אורגזמי ונהדר? זה כיף ואורגזמי! לילדים אין דעות קדומות - הם עוד לא פיתחו את הרעיונות האלה שאנחנו למדנו כמבוגרים, והרעיונות האלה מגבילים אותנו ולא נותנים לנו לגלם עונג אמיתי.

ואם אתם לא יודעים איך להיות בתוך הגוף שלכם, איך אתם חושבים שזה משפיע, נגיד, על מערכות יחסים מיניות וחושניות? קשה להגיע לחיי מין מלאי חשק וחושניות כשאתם כל כך רגילים לנטוש את הגוף שלכם כדי לא להרגיש את כל מה שאתם לא רוצים.

אז, מה אפשר לעשות כדי להיות לגמרי בתוך הגוף שלכם...
ולגמרי כמשחק?

שני הצעדים אל המשחקיות

כשגדלתם, אי פעם אמרו לכם לשאול את עצמכם "כיף לי
עכשיו?" לרוב המבוגרים, לבחור בכיף זה רעיון זר לחלוטין,
והוא לרוב בכלל לא אופציה. אם אף פעם לא הייתם נוכחים
בגוף שלכם, כנראה שגם אף פעם לא נתתם לעצמכם את
הבחירה לבקש ולדרוש עבור עצמכם. איך תדעו בכלל מה
לשאול? הצעד הראשון אל המשחקיות הוא פשוט להיות
מודעים לכך שמשהו לא עובד עבורכם ולתת לעצמכם את
האפשרות להגיד "אני לא באמת יודע מה קורה פה, אבל משהו
לא מרגיש לי נכון ואני בוחר לעשות שינוי, גם אם אני לא יודע
מה אני צריך לעשות". פשוט ככה.

מודעות מביאה אתכם להווה, לעצמכם.

השלב הבא יהיה לשאול שאלות שיעוררו את אנרגיית
המשחקיות, כמו:

- *גוף, מה כיף לי?*
- *כיף לי עכשיו?*
- *האם אני לומדת משהו?*
- *האם זה מרחיב את המציאות שלי?*
- *האם אני בהוקרת תודה?*
- *האם אני נהנה ממי שאני עכשיו?*
- *האם האדם הזה מקבל אותי?*
- *האם אני במסוגלות לקבל?*
- *האם הגוף שלי מרגיש טוב?*
- *מה עוד אפשרי כאן?*
- *האם אני יכולה לעשות מה שבא לי?*
- *האם אני חי במציאות מלאת הנאה ומשחקיות?*
- *מה עוד אני יכולה לבחור שיהיה יותר משחקי?*

אנרגיית המשחק היא לא רק לעשות מה שהיה כיף כילדים - זו הרוח של הכיף במגרש המשחקים והאפשרויות שהיו לכם אז, אבל כאן ועכשיו. זה מה אתם יכולים לעשות כדי ליצור לעצמכם אפשרויות חדשות כדי לברוח ממגבלות חיי היום-יום.

לדוגמה, יכולתי לשבת מול המחשב כל היום, לשלוח מיילים ולענות לאנשים, אבל זה לא כיף לי. מה שכיף לי זה לעשות עבודה אנרגטית, את התכנית רדיו בקול אמריקה, לכתוב את הפרקים האלו, לדבר עם אנשים וליצור אפשרויות. אבל במשך הרבה זמן בחיי, משחק היה מקום לא בטוח, והייתי יותר נוקשה והיה לי יותר טוב בתוך מבנה וצורה. אם משהו היה מערער לי את זה, הייתי מתחרפנת. עכשיו, בקושי יש לי מבנה. אני פשוט זורמת עם אנרגיית "היש" וממה שכל יום דורש ממני.

זה מה שאנחנו עושים כילדים. אנחנו פשוט זורמים עם האנרגיה של מה אפשרי היום. כשמתרחשת התעללות, משחק המגרשים של האפשרויות והחופש התמים נלקחים ממך, מוגבלים ומגבילים. למזלנו, תמיד יש דרך חזרה.

הקל הוא הנכון

מה שכיף לאנשים הוא לא בהכרח מה שקל להם. זה משהו שמרגישים בגוף. קלילות היא כמו האמת - כי הדבר הכי מרחיב ומהנה שאתם אוהבים לעשות, מקליל על כולם. אתם יותר מהנים עבור כולנו.

אנרגיית המשחקיות עוסקת בגילוי מהי המציאות המהנה שלכם - רגשית, כלכלית, במערכות יחסים, מינית, ובכל תחום אחר - על ידי כך שתשאלו "גוף, מה תרצה לעשות היום? עם מי תרצה להיות? עם מי תרצה לשכב? מה תרצה לאכול? מה תרצה ליצור? איזה חלק מהעסק דורש את תשומת הלב שלך היום?"

אם הגוף שלי אומר לי, "בואי נלך לחדר כושר" ואני לא הולכת, הוא נהיה אומלל. ללכת לחדר כושר יכול להיות צורה מסוימת

של משחק, להניע את הנפש והאנרגיה. או, כשהגוף אומר "תאכלי את זה" ואני אוכלת משהו אחר, אני בעצם עוקפת אותו. כל הרעיון הוא להקשיב לגוף, ללחישות שהגוף מעביר לנו על מה נחוץ לו כל יום - ומה אתם צריכים כל יום - ולזרום עם זה.

אתם יכולים להביא את אנרגיית המשחק הזו לכל החלטה בה תחליטו מה נכון עבורכם. איך? מה כיף לכם? פשוט תעשו את זה!

מה שכיף לכם הוא משחקיות!

זה מה שגורם לכם לעבוד כל היום בלי לאכול, ופתאום להרים את הראש ולחשוב, "ואו, לא אכלתי בכלל!" אתם כל כך נהנים כי אתם ממש בתוך מה שאתם עושים. אתם חיים מהאנרגיה בדיוק כמו ילדים, שתמיד צריכים תזכורות "אתם צריכים לאכול... אתם צריכים ללכת לישון". הם בתוך הרגע, בחופש, וצריך להוביל אותם החוצה.

בדרך כלל, מבוגרים צריכים ללמוד מחדש איך מרגישה קלילות ואיך מרגישה כבדות, כדי שכשהם יעמדו בפני בחירה, הם ידעו זאת בתוך הגוף שלהם. כשמישהו עבר התעללות, האנרגיה הזו מחלחלת, המרחב שלכם מחולל, והמודעות שלכם משותקת. כשכל זה קורה, איך תוכלו לדעת מה קל ונכון עבורכם? אתם יודעים רק רע לכם ומה גורם לכם סבל. התעללות משתלטת על כל האופן בו אתם רואים את העולם ומעוותת אותו כדי שיהפוך ליותר מסוכן ולא כיף.

להיות מודע למה קליל ונכון עבורך מאפשר לך ליצור את מה שכיף עבורך. זה כמו להגדיר מחדש את המולקולות שלך כדי שהן ייזכרו במה שהן ידעו פעם, לפני ההתעללות. אם זה מרגיש קליל ומרחיב ואווירירי, אז לכו על זה. אם זה מרגיש כבד ודחוס, תשאלו את עצמכם עוד שאלות ואל תבחרו בזה עד שלא מגיעה תחושת הקלילות. לצערי, יותר מדי מאתנו בוחרים

בכבד ובדחוס, ולא בקליל, וככה מתעוררים בבתי חולים פסיכיאטרים ומחכים לכדורים.

פשוט תזכרו...

מה שקליל הוא מה שנכון

הכיף הוא בלהיות דורשני כלפי עצמך, כמו ילדים שפשוט אומרים "היי, בואו נעשה את זה!" ו-"היי, בואו נעשה ככה!". כמובן שבתור מבוגרים, יש לזה טבע יותר פרגמטי, אבל אם תגלמו את אנרגיית המשחק עליה אני מדברת, אתם תתחברו לדמיון היצרני והיצירתי שלכם. זו התמימות הילדית שקיימת בכולנו, שחיה לנו בתוך הגוף לא משנה באיזה כיך אנחנו.

וזה קל כמו לבחור להיות נוכחים לחלוטין במה שעושה לכם טוב - ממש עכשיו - באופן הכי קל ומרחיב שיש.

שינוי של מעלה אחת

אסטרטגיה קלה ואפקטיבית לבניית חיים טובים יותר היא לבצע שינויים של מעלה אחת בחיים. שינוי פרקטי של מעלה אחת יכול לאפשר לכם להתחיל שינויים טרנספורמטיביים בעולם שלכם, וזה יכול לקרות כל יום.

כולם תמיד רוצים לעשות שינויים ענקיים של אלפי מעלות, להגיע להצלחה ברגע, לחפש סיפוק מיידי. אבל, מה שאני גיליתי זה שבכך שלוקחים רגעים בודדים כל יום כדי לעשות בהם שינוי של מעלה אחת, ואז חוזרים על זה שוב ושוב, מתחילים לבסס חיבור גוף-נפש בזיכרון התאי של הגוף. החיבור הזה עוזר לכם להבין "אהה, אני יכול לעשות את השינוי הפשוט הזה, שיכול לשנות את קו המסלול של היום שלי, ממש ברגע זה". זה כמו שרב החובל ישנה קצת את אחד המפרשים,

וזה יעשה הבדל משמעותי בתנועה של הספינה באוקיינוס הרחב.

תנו לי לחלוק איתכם סיפור שיבהיר את הרעיון הזה. לפני שנים רבות, הייתי בשיעור ועבדתי עם מישהו, והתמקדנו בטראומה והתעללות. בלי להיכנס ליותר מדי פרטים, מה שאני יכולה לחלוק לגבי האדם לו עזרתי הוא שהוא היה תקוע להחריד. כדי לעשות שינוי של מעלה אחת, הוא היה צריך לצאת ממצב שיתוק בעקבות סיטואציה מאוד טראומתית שהוא עבר, למרות שזה היה בסך הכל זיכרון בראש שלו. התגובה הפיזית שלו הייתה כל כך אינטנסיבית - הגוף שלו רעד, והוא היה מוצף בתחושת בחילה ורצון עז להקיא.

באותו רגע, תהיתי מה הדבר הפשוט ביותר שאני יכולה להציע לאדם הזה לעשות. הוא כבר עצם את עיניו ואני הנחיתי אותו להפוך להיות הרופא הפנימי של עצמו. קשה לי להסביר את זה, אבל בנקודה מסוימת אמרתי, "אם אני אושיט לך את היד, אתה תקח אותה?" והוא אמר "לא".

שאלתי שוב, והפשטתי את המטלה הזו עוד יותר: "אם אני אגיש לך אצבע, אתה תושיט אצבע חזרה אליי?" והוא אמר "כן". אז הוא פשוט הושיט את האצבע, ואני התקרבתי ונגעתי עם האצבע שלי בשלו.

מה שלא ידעתי באותו רגע, זה שזו הייתה הפעם הראשונה שהוא נתן לאדם אחר לגעת בו, אחרי שהוא נגע כנגד רצונו. אבל השינוי במעלה אחת הזה באותו רגע נתן לו מספיק רוגע ושליטה בגוף שלהם כדי לעשות צעד ראשון. הרגע שהוא אמר כן, ושאני גיליתי שזו הפעם הראשונה שהוא נתן למישהו לגעת בו מאז התקיפה שהוא שרד, היה פשוט מדהים. והנגיעה הקטנה הזו שינתה את קו המסלול של כל ההוויה שלהם באותו רגע קטן, שאחרים היו עדים לו.

הפעולה הזו, שעכשיו ניתן לומר שהיא הייתה השינוי במעלה אחת שלו, יכולה להיות מונומנטלית עבורכם, גם אם היא

נראית כמו שינוי קטן. הרעיון הזה הפך יותר מאוחר להיות אחת מאבני היסוד של שיטת ה**שאגה**.

אז, איזה שינוי של מעלה אחת אתם יכולים לעשות בחיים שלכם? זה משהו שעושים באותו הרגע, והוא משנה את קו המסלול של המסע שלכם, אבל לטובה, בהתאמה אנרגטית למה שאתם יודעים שחשוב לכם בחיים. זו בחירה פשוטה, שאחריה מגיעה פעולה, והודיה על כך.

מנטליות השינוי במעלה אחת נותנת לכם את החופש לשנות את התודעה שלכם ולהתכוונן למה שנכון עבורכם בכל רגע נתון. זה משחקיות. היופי פה הוא כפול: 1) אתם מתחברים יותר לחופש שלכם 2) אתם מגלים יותר אינטימיות עם עצמכם. אם אתם בוחרים משהו שלא עובד לכם, אז תבחרו שוב. כל בחירה שתעשו תיתן לכם מודעות למה עובד עבורכם, ותזכרו שמה שעבד עבורכם אתמול אולי לא יעבוד עבורכם שבור הבא, או שמה שעבד עבורכם לפני שעה אולי לא יעבוד לכם עכשיו.

אם אף פעם לא חייתם בשינויי מעלה אחת, כמו שתוכלו לדמיין, אתם מתנדנדים בין חופש להגבלה באופן תמידי. אבל, אנחנו רק מחפשים שינויי מעלה אחת כדי לעשות שינוי. כמו שריר, זה משהו שנבנה.

כשאני שמחה, הכל מסתדר. כשאני באנרגיה מלאה במשחקיות, אני מתרכזת רק בהתרחבות ובאפשרויות. אני פשוט כאן כדי להנות מהרגע ומכדור הארץ כשעולות אפשרויות חדשות ליצרנות וליצירת מציאות חדשה לחלוטין - כזו שמייצרת אושר, עונג, אפשרויות, משחקיות ושמחה. זו מציאות די שונה ממה שמישהו שעבר התעללות יחשוב, "הכל כל כך קשה, לא משנה כמה אני עושה וכמה אני מנסה, שום דבר לא משתנה אצלי".

משחק הוא פרגמטי

. . .

*תמצאו מה מעניין אתכם. ככל שתלמדו יותר, ככה תרצו ...
ללמוד עוד. זה כיף.*

וורן באפט

אנרגיית המשחק היא לא רק מהנה - היא גם פרגמטית. היא
בהחלט עבדה טוב לוורן באפט אשר תואר, בספר "לרקוד סטפס
בדרך למשרד" מאת קרול לומיס, כשואב מוטיבציה מהנאה,
ולא מלעשות כסף. היו לי הרבה לקוחות שעזבו את העבודה
שלהם כדי לעשות את מה שהם באמת אוהבים, וכשהם עושים
את זה, הם מרוויחים פי שלוש ופי ארבע ממה שהם הרוויחו
לפני.

כשהגוף שלכם אומר לכם מה הוא רוצה, ואתם עושים את זה,
מה שצץ בחייכם הופך להיות יותר קליל ומלא בכיף. בכך
שתקשיבו למה שנכון עבורכם ותביאו את זה לקידמת הבמה,
אתם משתפים פעולה עם היקום כדי להפוך את החיים שלכם
לקלים יותר - והכל בזכות זה שאתם עושים את מה שכיף
עבורכם.

לעומת זאת, אם משהו לא עובד עבורכם, תעלימו אותו
מחייכם. זה לא אומר לא לשלם את החשבונות שלכם, אלא
למצוא דרך אחרת ויותר מהנה כדי לטפל בעניינים האלו.

למשל, החשבונות שלי משולמים באוטומציה דרך הבנק, כי לא
כיף לי לבזבז זמן לשבת על זה כל חודש. הידיעה שזה בטיפול
כל יום, כל חודש - זה כיף לי, כי כשאני מרוויחה מעבר
לחשבונות, זה פשוט משלם אותם. אני אוהבת לא לדאוג
מלאחר בתשלומים, וזה לא מה שאני רוצה לשים עליו את
תשומת הלב שלי. אני מעדיפה להשתמש בתשומת הלב שלי
ליצירת אפשרויות חדשות, ואם זה משהו מעבר למה שקיים
אצלי באותו רגע, אני יודעת שיש לי את הבחירה החופשית
לצאת ולהרוויח מספיק כסף בשביל זה.

. . . .

הגשר אל החיות הרדיקלית

בתור הקטליזטור של תנועת "לחיות מתוך השאגה שלכם", המטרה היא לחסל את כל צורות ההתעללות מעל פני כדור הארץ דרך שתי שיטות מקיפות: לזהות את הכלוב הבלתי נראה ולהכוויין אנשים לחצות את "הגשר" אל עבר החיות הרדיקלית.

זיכרו, חיות רדיקלית בנויה מארבעה מרכיבים, או "ארבעת העקרונות": לבחור עבור עצמכם, להתחייב לעצמכם, לשתף פעולה עם היקום ולדעת שהוא פועל כדי לברך אתכם, וליצור את החיים שאתם רוצים בהם. חיות רדיקלית היא כיפית!

אתם חוצים את הגשר ברגע שאתם נכנסים לתוך רוח המשחקיות ובוחרים במה שכיף לכם. המטרה של אנרגיית המשחקיות היא לשים את עצמכם במרכז.

אם אתם לא רגילים לעשות את זה, אז הרעיון של לבחור עבור עצמכם ייתן לכם נקודת מבט חדשה ושונה בתכלית. כמובן שאנשים שחוו התעללות הם אלו שהכי מסוגרים בתוך הרעיון הזה, כי הם שמים את כולם לפניהם - הם עצמם לא קיימים.

המשחקיות מחזירה לכם את השליטה בחופש הביטוי שלכם.

מעבר למטרות ולכוונות שלכם, ללמוד לבחור עבור עצמכם מתוך אנרגיית המשחק ייפתח עבורכם אפשרויות בכל רגע נתון, ויוביל אתכם חזרה להיות בשותפות עם החיים כולם ברמות של קלילות, אושר וכבוד חדשים.

בפרק הבא, אני אציג בפניכם את אנרגיית הרוח והידיעה - חלק פנימי ובלתי מודע שקיים אצל כל הילדים אשר, בין אם הם עברו התעללות ובין אם לא, נשאר מאחור במסע ההתבגרות של כולם.

כי, כמו שתראו, ככל שתתיידדו עם האנרגיה המולדת הזו ותשתמשו בה, יהיה לכם קל יותר להיכנס אל תוך רוח המשחקיות.

פרק 8

הפנים בירח

התאהבתי בירח כי הירח האמין הופיע לילה אחר לילה
פלוני ~

החדר שלי היה מקום המפלט שלי כילדה שגדלה בבית מתעלל ואלים להחריד. זה היה המקום היחיד בו יכולתי לברוח מכל הטרפת שהתרחשה בבית. היה חלון קטן ליד המיטה שלי, וכל לילה, כשהירח היה זורח, הייתי נעמדת על הברכיים שלי ובוההה בו במשך שעות, מתענגת על פני הירח היפות שמביטות בי חזרה, מרגישה את האנרגיה החייכנית שלו אומרת לי שהכל יהיה בסדר.

לילה אחד, אחרי עוד אחד מהדיאלוגים הארוכים שלי עם הירח, אני זוכרת איך הסתובבתי וראיתי שהחדר שלי נצבע בצבעי קשת בענן והתמלא בפיות ובמלאכים, שהיום אני יודעת שהם אלים ואלות, ישויות ואלוהויות, רוקדים סביבי במסיבה משוגעת - האור הורוד של חמלה, האור הכחול של היצרתיות - הכל היה שם בשבילי.

התחלתי לבלות את זמני במקום המיוחד הזה של האנרגיות הקסומות.

והתחלתי לקבל תקשורים של דברים לשים לב אליהם, המתנות בהן ניחנתי, וכמה שונה ומיוחדת אני עוד אהיה בחיים האלה. היצורים שלא מהעולם הזה הפכו להיות החברים שלי, וברוב הלילות התרגשתי ללכת כבר לחדר שלי. תמיד ידעתי שיש עוד משהו שקיים מעבר לעולם שלנו, אז לא פחדתי מהמימד הזה. הוא היה מאוד הגיוני עבורי בתוך המציאות בה חייתי, למרות שהוא לא פעל לפי חוקי הזמן והמרחב שאנחנו מכירים.

הבנתי שיש משהו אפשרי אחר ושׁשום אספקט בשיגעון שבבית לא יוכל להשפיע עליי על עוד אני בתוך האנרגיה הזאת. אז הבנתי שעבודת חיי היא לגשר בין העולם הרוחני לבין העולם הגשמי, וליצור נקודת חיבור לאנרגיית היצירה ה-ATP. ATP (אדונזין טרי פוספט), או כמו שאני קוראת לה - אנרגיית הרוח, מספרת לנו את כל האנרגיה של הכל והיא נמצאת בכל תא ותא בגוף שלנו... ובכל היקום, ובאדמה עליה אנחנו חיים.

אנרגיית הרוח והידיעה

מה היא האנרגיה הזו שאנחנו יכולים לזמן ולתקשר איתה? מה היא הרוח שנעה בין כל מה שקיים... ויוצרת את הכל?

היום, כשאני חושבת על הרוח, אני לא חושבת על פיות או מלאכים או יישויות. במקום זאת, אני חושבת על משהו שאמא (הילרית רוחנית שביליתי איתה 15 שנים כחלק מקהילה רוחנית) הייתה אומרת - האנרגיה הילדית עמוק בתוכנו היא אלוהים.

ATP (אדונזין טרי פוספט)-בשבילי, אנרגיית הרוח היא כמו מולקולת ה שמתדלקת כל תא ותא בגוף שלנו, והיא תרתי משמע מכונה "מטבע האנרגיה של החיים". זו אנרגיית הרוח שנמצאת בגוף שלנו ובכל מה שאנחנו

הייתה תקופה בחיי שהייתי אומללה, שתיתי המון, הייתי מדוכאת וכבדה, ושום דבר לא הסתדר לי. הרגשתי נורא ומאוד בודדה, כאילו העולם ממשיך מסביבי ואני לא מחוברת לכלום.

לילה אחד כששתיתי, החלטתי להתנתק ולסיים עם הכל. לא תכננתי את זה מראש, אבל כשראיתי אוטובוס שמתקרב, ירדתי אל הכביש ונעמדתי מולו, ואז הרגשתי משהו תופס את הכתף שלי ומושך אותי אחורה. זו הייתה קריאת ההשכמה שהייתי כל כך צריכה כדי להזכיר לי שיש משהו מעבר למציאות הזו, ואני מחוברת לזה, ושאני צריכה ללמוד על זה יותר. והיו כל כך הרבה פעמים בחיי בהם הרגשתי שתומכים בי ומדריכים אותי במסע שלי כדי להגיע לאן שאני נמצאת כיום.

אחרי שהפכתי לפסיכותרפיסטית והתחלתי את העסק שלי, חליתי במחלה מסכנת חיים וכדי להחלים, התחלתי להשתמש בתטא הילינג®. זה שינה את חיי. תטא הילינג היא טכניקת הילינג הוליסטית שמשלבת הילינג רוחני, פיזי ורגשי. היא מבוססת על הרעיון שניתן להגיע למצב רגיעתי ותודעתי עמוקים, הידוע כמצב גלי מוח תטא, כדי להתחבר לאנרגייה היצירתית של היקום ולאפשר ריפוי. הטכניקה הזו פותחה על ידי ויאנה סטיבאל, נטורופתית וקוראת אינטואיטיבית.

בטכניקה הזו צריך לעבור על הכרת הרוח שלכם. בכל יום ישבתי במשרד שלי עם לקוחות וכמו שאומרת שריל סנדברג, סמנכ"לית התפעול של פייסבוק וכותבת הספר המצליח "תישענו לתוך זה", הייתי אומרת "תישענו לתוך" ההאזנה לאנרגיית הרוח, אנרגיית הידיעה.

הייתי מעלה מידע שלא הייתה שום סיבה שאדע אותו, והלקוחות שלי היו מסתכלים עלי בהלם. הם היו דורשים לדעת, "איך ידעת את זה? איך יכול להיות שאת יודעת את זה? מאיפה השגת את המידע הזה? לא אמרתי לך את זה". והייתי צריכה להיות עדינה מאוד עם הידיעה שלי כדי לא להציף אותם עם כל מה שיכולתי להתחבר אליו דרך אנרגיית הרוח שלי

באותה תקופה, הייתי משתמשת בכלי הזה כמו בשריר, ומאוחר יותר, עם אקסס קונשסנס®, "קלילות וכבדות" עזרו לי לעזור ללקוחות שלי להרגיש את הידיעה של עצמם דרך הגוף שלהם ולהעצים אותם לדעת את מה שהם יודעים. היה לי מאוד ברור שאני ערוץ, קנה סוף חלול (הכל עובר דרכי עבורכם ללא *שיפוטיות* או נקודת מבט) עבור האנשים שנכנסו למשרד שלי בגלל החיבור שלי למדים, מציאויות ואנרגיות אחרות.

אפילו לפני התטא הילינג®, הייתה לי תמיד התחושה שיש עוד צדדים ייחודיים ובלתי רגילים למודעות שלי שמחברים אותי לאנשים. ידעתי את זה, והלקוחות שלי ידעו את זה. הם היו אומרים דברים כמו, "את שונה מכל מטפלת שהייתי אצלה בעבר. אף פעם לא הרגשתי ככה".

אני מאמינה שיש לי את היכולת הזו בזכות המודעות שלי לאנרגיית "פני הירח", המודעות לאנרגיה שזורמת סביב כל הדברים, כולל את מערכת האמונות שלנו, והמודעות לכך שהאיברים בגוף שלנו מאחסנים את האמונות האלו, שבתורם יוצרים את הגוף שלנו ואת המציאות שלנו. אני גם מאמינה שהמציאויות האלו יכולות להשתנות, להתהפך, ולהתרפא באמצעות שיתוף פעולה ומודעות למה שנמצא מעבר למציאות הקיימת שלנו.

להיות מודעים באופן הזה אומר לשתף פעולה עם האדמה ולשתף פעולה עם המולקולות האינהרנטיות לאדמה, שלא תחנת ATP, ‏שונות מהמולקולות בגוף שלנו שמחזיקות את ה הכוח של הגוף שלנו.

בזכות החוויה המוקדמת הזו עם רוח האנרגיה והידיעה, וכל הידע שקיבלתי, תמיד הרגשתי שהתפקיד שלי בעולם הוא לגשר בין שני העולמות - עולם הרוח והעולם הפיזי. זה כנראה לא מקרי שאני מזל קשת, המיוצג על-ידי קשת סנטאורי שמקורקע לאדמה ובמקביל מכוון את הקשת שלו לשמים. אני הגשר הזה בשביל אנשים בין המציאות הנוכחית שלנו לבין מה שעוד אפשרי עבורם במימדים אחרים.

יחד עם הלקוחות שאני עובדת איתם, וגם עם עצמי, אני מחפשת את החלקים בנו שנשברו ושחוסמים את היכולת שלנו לדעת, ואת אנרגיית הרוח. זה יכול להתחיל מגיל צעיר מאוד, בו הם עדיין תקועים באיזושהי סצינה ובגיל בו הסצינה הזו התרחשה. אני עוזרת להם להסתכל ישירות לתוך העיניים של הילד הפנימי שלהם כדי לקבל ממנו את המידע אודות מה שמחזיק אותם תקועים ומנותקים מעצמם, ולחקור את הרגש שנמצא שם - הפחד, הזעם, הבושה - ואז להכיר בכך בתור האדם הבוגר שהם היום.

הכל נעשה פנים אל פנים.

ברגע שהם אומרים את כל מה שהיה צריך להיאמר באותו הרגע, אני תמיד שואלת אותם, את האדם הבוגר שבהם, להושיט את ידם אל הילד. לפעמים הם יקחו את היד הזו ולפעמים הם לא, אבל בסופו של דבר, אנחנו עובדים על כך שהילד יושיט את היד, בין אם באותה פגישה או באחת אחרת. בדרך כלל, הילד ישאל, "אני יכול לסמוך עלייך?" בעצם, הוא צריך "לפגוש" את האדם הבוגר. בשבילי, זה כמו לפגוש את אנרגיית הרוח של עצמנו, את השותף הפנימי שלנו. זה תקשור רוחני אמיתי.

כשהם חוזרים מאותו מקום, בדרך כלל יש מדרגות נעות בצבעי קשת בענן שמחזירות את הילד ואת המבוגר חזרה למשרד או לקבוצה בה אנחנו נמצאים, ומשלבות את הילד אל תוך ההווה. בכל פעם שזה קורה, המבוגר אומר שהחוויה שינתה אותו באופן מהותי. הם כבר לא מופעלים מאותם דברים שהפריעו להם, כמו שאפשר לראות בעדות שקיבלתי מאחת הלקוחות שלי:

ניסיתי כל כך הרבה דברים כדי לשנות אספקטים בחיים שלי שלא עבדו לי. היי־חי כל כך מתוסכלת והייתי קרובה לוותר, לקחתי קורס אחרי קורס, השתמשתי בכלים שניתנו לי בידיעה שהם אמורים לעבוד כמו שהם עובדים לכל כך הרבה אנשים,

ולא הבנתי למה הם לא עובדים עבורי. עבדתי עם המון מנחים, חלקם הצליחו לעזור לי עד לכדי בחינת הטראומה וההתעללות שעברתי, אבל השאירו אותי תלויה באוויר ברגע שדלת ההתעללות נפתחה, כי המנחה לא באמת ידע מה צריך לעשות ברגע שהדלת הזו נפתחה. זה היה נורא ולקח לי המון זמן ...לנסות שוב

כשיצאתי מהשיעור וחזרתי הביתה, שמתי לב שבמקום הנשימה הרדודה שאיתה חייתי כל חיי, פתאום הנשימה מגיעה לכל חלק וחלק בגוף שלי, כי סוף סוף, לראשונה, התחלתי לחיות בתוך הגוף שלי. הגוף שלי הרגיש שונה לחלוטין. ההוויה שלי הרגישה יותר מחוברת לגוף, והכל הרגיש רך יותר. אני אסירת תודה שהענקת לי את המרחב הזה, שנתת לי את כל היכולות המדהימות שעוזרות לי להתחבר לעצמי. אני יודעת ששום דבר כבר לא יהיה אותו דבר, ואני יודעת שהמתנה שהיא אני זמינה לי עכשיו בכל רגע.

זאת אנרגיית הרוח, וזה מה שאני עושה. אני קוראת לאותם ילדים אבודים - חתיכות הרוח של היישויות המדהימות האלו - ואני מחברת אותם חזרה לאותה "תמימות ילדית עמוקה שקיימת בתוך כולנו, והיא אלוהים", מביאה אותם לקידמת הבמה, ונותנת לבן האדם הזה בחירה מלאה, כוח מלא, וקיבולת מלאה בכל רגע ורגע כדי לשתף פעולה עם הכל.

ללא אנרגיית הרוח והידיעה, זה מרגיש כאילו לכם מדריך הרכבה אבל כל החלקים חסרים. אי אפשר להבין את שלמות הרוח בגלל ההפרדה שהתרחשה.

בעבודה הזו, לפני שאני בכלל יכולה להגיע אל הילד, אני חייבת לפנות את *השיפוטיות*, את האמונות שמתגלמות בתוך האדם שמולי - שהאדם הבוגר - חושב שהן חלק ממנו. כשהגוף ריק מאמונות ומשיפוטיות שהן מלכתחילה לא שלו, כמו מחשבות של ההורים, הסבים, מערכות האמונה התרבותיות, נדרים ו/או התחייבויות, רק אז אני מוצאת את הילד שתקוע בתוך הסצינה

בה הם לא ידעו מה לעשות. מנגנון פיצוי פסיכולוגי זה נכנס לפעולה כשחלק מאתנו עוזב אותנו וחלק אחר נשאר תקוע באותה סצינה מגיל ארבע. החלק הזה לא מת או עוזב את הסצינה, הוא נשאר תקוע במטבח או בחדר השינה או בכל מקום בו הסצינה הזו התרחשה.

יש כמה סוגי סצינות בהן דבר כזה יכול לקרות. יכול להיות שזה פשוט רגע בו האם או האב צעקו אחד על השני ואחד מהם איים לעזוב. אבל מה שהילד שומע הוא, "אוי ואבוי, כל המוגנות שלי בסכנה". הם לא יכולים להתמודד עם זה או לדבר על זה, אז הם מתנתקים מעצמם ומתחבאים בארון בחדר השינה שלהם.

ארבעים שנים לאחר מכן, הם מגיעים לטיפול והסצינה הזאת היא בלב הבעיה.

למזלנו, הם לא חייבים להישאר תקועים, וזה חלק מתהליך העבודה שלי. אני יוצאת להחזיר את אותו החלק יחד איתם אחרי ששחררנו והכרנו במה שזה לא יהיה שיצר את ההפרדה, כמו גם את השקר שהם לקחו איתם הלאה בתהליך ההפרדה. זו היתה הבעיה שלהם - הם לא יצרו את החיים שלהם מתוך השלמות שלהם. הם יוצרים אותה מתוך חלק בהם שיצר טראומה ונשאר בהלם.

כשאני מחזירה את אותו חלק, הם מרגישים את מה שכל הלקוחות שלי הרגישו - שהכל השתנה, וששום דבר כבר לא יהיה אותו דבר. הם עכשיו מחוברים לרוח שלהם, לאנרגיה שלהם, ולהוויה האינסופית, וזה פנומנלי וקסום, הם מתמלאים באפשרויות ובחופש בחירה מוחלט, לא משנה מה קורה. הקיום הוא כבר לא מקום ללא ברירה.

יש עוד אפשרות.

איך אפשר להתחבר לשלמות הרוח?

להתחבר לשלמות

אנרגיית הרוח היא החלק הזה שאנחנו קוראים לו בהרבה שמות - אלוהים או היקום, ידיעה אינסופית, זה לא באמת משנה - היא משהו שאנחנו תופסים כדבר מובחן שנותן לנו מתנות ועובד בשיתוף איתנו. אנרגיית הידיעה היא פנימית; היא היכולת שלנו לקבל אינטואיציה; ההבחנה שלנו, הידיעה שלנו וההוויה שלנו.

כדי להיות יותר מודעים לאנרגיות האלו, יש פרקטיקות ורעיונות מחוץ לטיפולים או לשיעורים - צעדים שאפשר לעשות ברמה האישית כדי להתחבר לשלמות המולדת שלנו:

צאו לטבע

אחד הדברים שהכי שמרו עליי כשיצאתי למסע הרוחני שלי הוא ספורט. כששיחקתי כדורגל, טיילתי בטבע, רכבתי על אפניים או רצתי במעלה הר, הרגשתי חזקה, זריזה וחופשייה בגוף שלי, בידיעה שאני יכולה לעשות הכל. לא היו גבולות לזריזות שלי וליכולת שלי לתקשר עם הגוף שלי ועם האדמה. אחרי פעילות אקטיבית, הייתי בשלווה שהפיחה בי תחושה של "הכל בסדר".

כשאתם בתוך אנרגיית המרחב, הכל אפשרי ואתם יכולים להתרחב אל תוך היקום ולהיות באחדות עם המולקולות. בעצם, זה אומר להיות בהכרת תודה על האדמה בכך שיוצאים לפגוש אותה בכל דרך שהיא.

אז, לכו על זה... חבקו עץ. צאו למדיטציית הליכה יחפים. התקרבו עם גופכם לאדמה ונשמו אותה פנימה.

סבתי האהובה - אומנות הקבלה

סבתא שלי פתחה מרחב קבלה בעולם שלי שעזר לי לקבל את עצמי להיות אני באופן שלם יותר.

כשהייתי צעירה, האדם היחיד שהרגשתי איתו בנוח הוא סבתא שלי. היינו הולכות יחד לכנסייה בכל יום בו ביליתי איתה, והיא הייתה מדקלמת את התפילות על ספסל הכנסייה.

באחד מהימים היא דיקלמה, "יום אחד הנשמה שלי ואני נתרפא". עכשיו, בספר התפילות לא היה כתוב "נשמה", אבל היא הוסיפה את זה, וכששמעתי את המילה "נשמה" מיד הסתכלתי עליה ושמעתי טנטון באוזניים שלי שאמר "מה זה נשמה?"

במבט לאחור, אני מבינה שכל חיי היו מסע למציאת הנשמה והרוח, שהתחיל באותן חוויות ראשוניות עם הירח.

בהאזנה למזמורים, לתפילות ולפסוקים שוב ושוב ושוב, כשישבתי לרגליי סבתי ועקבתי אחרי הורידים בזרועותיה, שוב ושוב, הרגשתי מנוחמת מהחזרתיות במילותיה. דרך ה"דת" שלה, נפתחתי למודעות, לתפיסה, ולידיעה שאיפשרה לי את יוקרת החיים. כולנו צריכים לפחות אדם אחד, בנוסף לעצמנו, שמשקף לנו באופן מסוים את המבריקות שהיא הווייתנו. הרגעים האלו משרים את הידע מחדירים את הידע שלנו מעבר למציאות הזו. משם הלאה, אנחנו בוחרים בתקשורת מהותית.

תשאלו

אם אתם זוכרים, בפרק 2, דיברתי על החשיבות של לשאול שאלות כחלק משיתוף הפעולה עם היקום. לשאול ולהיות בתוך השאלה הם חלקים אינהרנטים לחיבור שלכם עם הידיעה. זה יכול להיות פשוט כמו לשאול מה הצעד הבא בחיים, או מה אתם באמת רוצים.

מה שגיליתי שעוזר לי, בעבודה על החיים שלי עצמי, להתחבר לאנרגיית הרוח והידיעה היא להתרכז במטרה שלי על ידי שאילת סדרת שאלות ומשפטים. האמת היא, שאני שרה את זה לעצמי כל בוקר:

- מי אני היום?
- יקום, תראה לי משהו יפה היום.
- איזו אנרגיה, חלל ומודעות אני יכולה ליצור היום?
- איזו תרומה מהרוח או מהידיעה אני יכולה לקבל היום?
- מי בא לי להיות?

אני גם מוסיפה משהו כיף, כמו "מה אני יכולה לעשות או להיות היום שייצר יותר משחקיות, כיף ואושר באופן מיידי?"

לפעמים אני שואלת את העסק שלי דברים כמו:

- מה אני צריכה לעשות כדי לזמן הירתמות לחיי?
- מה העסק שלי דורש ממני?
- מה העסק רוצה לעשות היום?
- עם מי אני צריכה לדבר היום?

עבור הבריאות שלי, אני שואלת:

- איך הגוף שלי רוצה לנוע היום?
- איך הגוף שלי רוצה לאכול היום, כדי שהוא יתמלא באנרגיה ובקלילות?

זה בסדר לשחרר

לפעמים צריך לשחרר משהו אם הוא לא משרת אתכם, ולהגיד "בסדר, אני נכנע למה שהוא מעבר אליי". באופן מסוים, כל תהליך היצירה הוא שחרור אחד גדול - לשחרר מכל דבקות של משהו שחושקים בו. ציפיות, החלטות, שיפוטיות, מסקנות והשלכות יכולות לזלזל ביכולות הידיעה, תפיסה וקבלה שלכם.

מה שאני יודעת שנכון הוא שאנחנו חיים ביקום שפועל כדי
לברך אותנו. לא משנה כמה התעללות עברתי או כמה לא
רציתי לחיות בזמנים מסוימים, האנרגיה של הידיעה שלי היא
מה ששמר עליי בתנועה ומה שעזר לי לנווט במים סוערים כדי
להגיע ליבשה ולהצליח להציע משהו משמעותי שיוכל לעזור
לאחרים.

הרבה אנשים הולכים לאיבוד במציאות הזו ומחפשים עזרה
דרך טיפול פסיכולוגי, מדיטציה או קהילות רוחניות, כדי
להתחבר לאנרגיה הזו שראיתי באופן כל כך מובהק בגיל שבע.
עשיתי גם את הדברים האלו כדי לרפא את הגוף שלי ולהתחבר
אליו.

...אז, זה מה שאני תוהה לגביו

זו שאלה, הנעה לפעולה, אם תרצו.

אם אתם יכולים להרחיב את האנרגיה שלכם כדי לפעול יחד
עם רוח האדמה, עם היקום, ועם הידיעה שלכם, מה עוד אפשר
ליצור ביחד איתם כדי להיות אנרגיית הרוח כל הזמן, בכל
מקום, בכל סיטואציה, בין אם נרגיש נתמכים ובין אם לא?

מה נדרש מאתנו כדי להביא לפני השטח את אנרגיית הרוח
מעמקי נשמתנו, ולהיות הקטליזטור בחיינו, מעכשיו ועד עולם?

אחרי הכל, העולם *מחכה לכם*.

בפרק הבא, אני אפרט על מספר צעדים, יחד עם כמה עצות
מועילות ופשוטות, שתוכלו להתחיל ליישם כבר היום כדי
לתמוך בתחושת שמחה בחייכם. חלקתי את הצעדים האלו עם
אלפי לקוחות שלי.

תאמינו לי, הם עובדים.

פרק 9

המפתח לאושר נמצא בתוככם

אתם יכולים לברוח, לברוח הרחק מהרבה דברים בחיים. אבל
אתם לא יכולים לברוח לברוח מעצמכם. והמפתח לאושר הוא להבין
ולקבל את מי שאתם.
~ דייל ארצ׳ר

היו הרבה צעדים שעשיתי אחרי אותו יוח גורלי בקולג׳ בו המרצה שלי פנתה אליי ועזרה לי, אבל זה לא כאילו שהשמחה חזרה אליי ביום בהיר אחד. כמו שכבר שיתפתי, הייתי צריכה להתגבר על שני עשורים של התעללות כדי שאוכל להיות באמת שמחה. אני מרגישה מאושרת, קלילה וחופשיה.

וגם אתם יכולים.

בין אם התמודדתם עם התעללות ובין אם לא, כנראה שאם אתם קוראים את הספר הזה, יש משהו בחיים שלכם שמרגיש כמו מלכודת, כמו כלוב, שבאופן מסוים אתם מרגישים נעולים מחוץ לאפשרות להיות מאושרים. החדשות הטובות הן שהמפתח לכלוב הזה נמצא בתוככם, ואני יכולה לעזור לכם למצוא אותו ולהשתמש בו

. . .

שלב 1: להכיר באומללות שלכם

אושר זה לראות את כל כולכם.

להתעלם מאומללות לא גורם לה להיעלם. האמת היא, שלהתעלם ממנה מבטיח שהיא תישאר לעוד הרבה מאוד זמן. זה כמו אורח מעצבן במסיבה: תתעלמו ממנו, והוא רק ייצור מהומה!

אתם אולי תכחישו שאתם אומללים כי אתם מובכים או אפילו מרגישים אשמים מדי כדי להודות בפני אחרים עד כמה אתם לא שמחים. אתם לא לבד בזה. היה לי מבעית להודות בפני אחרים כמה אני אומללה.

ובכל זאת, כשאתם מכחישים את האומללות שלכם, אתם אומרים לעצמכם שאתם לא חשובים. *זו צורה של התעללות והזנחה.* דמיינו את החלק הזה בכם שמרגיש אומלל, ואתם עוד משאירים אותו לבד, בחושך, בתוך הארון. הייתם עושים את זה לילד קטן? אז אל תעשו את זה לעצמכם. כשאתם מכירים באומללות שלכם, אתם מכירים בחוויה שלכם. אתם מעריכים את עצמכם. אתם אומרים לעצמכם, "היי, אני משנה". זה פותח מימד חדש לחלוטין של אפשרויות למה שתוכלו לעשות מכאן הלאה.

זה גם עוזר לכם להתחיל לבנות גשר בין הנפש לגוף. במקום להשאיר את החלק הזה מאחור, נעול בתוך אחרון, אתם כל כולכם מעורבים וזמינים. זה מכין את הקרקע להצלחה שלכם.

שלב 2: בחרו בשמחה

שימחה היא לבחור לשם ההנאה

בשנות ה-20 המוקדמות לחיי, לא חשבתי שהחיים שלי אי פעם ישתפרו. לא האמנתי שאני אי פעם אהיה שמחה. חשבתי

שאושר זה משהו שזמין רק לאחרים. כשסיימתי את לימודיי בקולג' ידעתי שאני לא יכולה לחזור לבית בו גדלתי. ידעתי שזה יהרוג אותי, אבל עדיין לא הייתי בטוחה מה אני רוצה לעשות.

בזכות השראה שנתנה לי המרצה שלי בקולג', החלטתי לעבור לאריזונה ולעבוד במחסה לנוער בסיכון. בחרתי להיות בסביבה בה אני יודעת שאני אוכל לעורר שינוי. בזכות אותו מחסה, עבדתי עם השירות להגנת הילד כדי לספק מגורים בטוחים, השכלה וארוחות לילדים שהורחקו מבתים אלימים. זכיתי גם להדריך את הילדים האלה. רציתי שכל ילד וילדה ידעו שהם בטוחים, אהובים, ומטופלים. רציתי שהם יוכלו ללכת לישון בלילה בלי חששות ופחדים.

לעזור לילדים האלה נתן לי שמחה.

בזמן שהייתי בעלת ברית שלהם, הפכתי לבעלת ברית של עצמי. כשסיפקתי לעצמי את האהבה והטיפול שמעולם לא קיבלתי בילדותי, גיליתי שאני יכולה לבחור אחרת.

כל אותן חוויות כואבות שעברתי התחילו להתמוסס ככל שבחרתי אחרת. לדוגמה, במקום לנסות לברוח דרך שתייה והסנפות, יכולתי לבחור בפעילויות שהרגישו לי טוב. עשיתי את הבחירה לפי מה *שערשיו* רציתי להיות ולעשות, ולא מה שעשיתי בעבר.

יכולתי באמת לבחור בשמחה.

גם לכם יש בחירה. באותו אופן שאני בחרתי, גם אתם יכולים לבחור בשימחה על ידי כך שתכניסו לחייכם משהו שכיף לכם, שמאיר אתכם ומביא לכם אושר.

מה זה הדבר הזה עבורכם? תחביב? ללכת לחדר כושר? לקחת שיעורי ריקוד? להתנדב? מה הוא הדבר שמרחף לכם בראש ולא מרגיש הגיוני לביצוע, אבל אתם יודעים שהוא יביא לכם אושר? יכול להיות שזה משהו שעשיתם כילדים, או שזה משהו שמעולם לא ניסיתם ואפילו לא דמיינתם שתנסו. מה שזה לא

יהיה, זה יכול להיות הפירצה שלכם אל עבר האושר. ביחרו בזה. ביחרו בשימחה.

שלב 3: שחררו מההתמכרות שלכם לאומללות

שימחה היא לתת מקום לקלילות.

לצערנו, הרבה אנשים מכורים לאומללות שלהם.

זה נשמע משוגע, נכון? למה שמישהו *יבחר* להיות אומלל?

אז, מסתבר שיכולות להיות לכך מגוון סיבות:

- זה מוכר.
- זו דרך לקבל תשומת לב מאחרים.
- זו דרך להתחבר (להתלונן על מה לא מסתדר לכם בחיים זו אחת הדרכים בה יוצרים מערכות יחסים בחברה שלנו).

כשדברים לא מסתדרים, אנשים יושבים איתכם לקפה, הם לוקחים אתכם לקניות, הם מציעים לכם ללכת איתם לספא.

אבל, כשדברים הולכים ממש טוב, יש אנשים שמתחילים לכעוס עליכם או שהם תוהים בינם לבין עצמם באיזה סמים אתם משתמשים. אף אחד לא מתקשר אליהם כדי להיעזר בהם, או לצאת איתם. *האמת היא, שאנשים אחרים לרוב לא יודעים איך להזדהות עם אושר והצלחה של אחרים.*

אומללות הפכה להרגל. הפסימיות מחלחלת. החיים שלנו מתודלקים מקשיים של מה שלא עובד. אבל, מה אם אתם לא צריכים להתאמץ כדי לצאת מהאומללות?

התמכרות היא מה-חלה. אושר הוא הקלה.

אנשים שמתמכרים לאלכוהול מתקשים להשתחרר מהההרגלים שלהם. בסופו של דבר, כדי באמת לוותר על האחיזה שלהם בבקבוק, הם צריכים תמיכה.

אומללות היא התמכרות, באותו האופן. כדי לשחרר את האחיזה שלכם מהמחלה הזו, תפסיקו לחשוב שאתם יכולים לעשות את זה לבדכם. תהיו מוכנים לבקש תמיכה.

שלב 4: קבלו תמיכה ושתפו את הסיפור שלכם

שמחה היא לקבל את עצמכם כמתנה

ניסיתי להתגבר על הטראומה והאומללות שלי בעצמי, אבל זה לא הוביל אותי לשום מקום. פניתי לאלכוהול וסמים כדי לטשטש את המודעות שלי לפרקים כי לא יכולתי לסבול את הכאב שחוויתי.

הייתי חייבת להודות שאני צריכה עזרה, אז קראתי כל ספר עזרה-עצמית שיכולתי למצוא. הם נתנו לי תובנות שעזרו לי להחלים ולמצוא שמחה, אבל הם לא היו מספיקים.

המרצה שלי בקולג' היא זו שהציעה לי את התמיכה שהייתי זקוקה לה בכך שהיא סיפקה לי מקום בטוח לחלוק בו את הסיפור האישי שלי. עד אותו רגע, כל הסודות והדאגות שלי היו נעולות בתוך הגוף שלי, מוזנחות ונטושות.

איך תוכלו לחוות אושר אמיתי, אם חלק מכם נשאר נעול ומוחבא?

כדי להפסיק לבחור באומללות ולהתחיל לבחור בשמחה, אתם צריכים לצלול לתוך שורש האומללות. זה ידרוש מכם להסתכל על האירועים, מצבים ומערכות יחסים מעברכם שמשפיעים על חייכם בהווה.

הכבדות של האומללות שלכם תוסר רק כשיהיו לכם עיניים ואוזניים של אנשי מקצוע, בין אם זה פסיכולוגית, רופאה, או כל מטפל אחר. לשתף את הסיפור שלכם באופן הזה מתחיל לשחרר אתכם מכלוב האומללות.

כשאתם עושים את זה, אתם מתקדמים מעבדות לחירות, ממגבלות לאפשרויות. אי אפשר ליצור הווה ועתיד חדשים עד

שתתמודדו פנים אל פנים מול העבר שהוביל אתכם לאיפה שאתם נמצאים כיום. אתם צריכים לשתף את הסיפור שלכם, ללמוד ממנו, ולגלות איך תוכלו ליצור אחד חדש.

ברגע שתרתמו לעצמכם יועץ אמין, אתם תרגישו תחושה עמוקה של הקלה, כי לא תצטרכו יותר להתמודד לבד.

שלב 5: תלמדו להקשיב לעצמכם

שמחה היא לשבת בשקט, להקשיב, ולעשות בדיוק את מה שאתם שומעים מתוככם.

אולי זה יישמע מוזר שאני מעודדת אתכם ללכת ולחפש עזרה ואז אומרת לכם להקשיב להדרכה הפנימית שלכם, אבל שניהם בהחלט חשובים. לעבוד עם פסיכולוגית יכול לעזור לכם לפנות את כל הרעשים הפנימיים שלכם כדי שתוכלו להאזין ולהקשיב להדרכה הפנימית שלכם. בסופו של דבר, ההדרכה הפנימית שלכם היא המפתח האמיתי שלכם לאושר.

הרבה אנשים טועים לחשוב שהם יהיו מאושרים כשיהיה להם טסלה, עבודה בהייטק, נישואים "לאדם הנכון", בית במושב ו-3 ילדים.

אבל, האמת היא...

ליצור חיים שמבוססים על מה שאתם חושבים שאמור להיות לכם, לפי מה שיש לאחרים, זו דרך מצוינת להיות אומללים. זה גורם לכם להחליט החלטות חיצוניות לכם, במקום להחליט לפעול מתוככם.

כשאתם לוקחים את הזמן ומקשיבים לקולות הפנימיים שלכם, ומאפשרים לחכמה הזו להדריך אתכם בהחלטותיכם, אתם מתחילים לבחור אחרת. אתם גם מתחילים ליצור מערכת יחסים חדשה עם עצמכם, שמבוססת על אמון וכבוד. זה הכרחי לטיפוח שמחה עבור עצמכם ועבור אחרים.

זה יכול להיות מפחיד לחשוב על לצאת מקופסת הציפיות שלכם ואל תוך עולם של שמחה, כי כנראה שהסביבה שלכם הטמיעה בכם שכל דבר אחר הוא "כישלון". הם קישרו דברים מסוימים לרעיון של הצלחה, וכדי לעמוד ברעיון ההצלחה שלהם, אתם עובדים לילות כימים ובסוף מרגישים ריקים לחלוטין מבפנים. זה המקום בו עליכם להסיר מעצמכם את אותן דרישות חיצוניות ולהיות הדרשנים של עצמכם, כמו שדנו בו בפרק 3.

כנראה מאוד שביליתם את רוב חייכם בהקשבה לקולות של אחרים, אז יכול להיות שייקח לכם קצת זמן לעלות על התדר של הקול הפנימי שלכם.

את התרגיל הבא אתם יכולים לעשות כל יום כדי לחזק את יכולת ההאזנה שלכם לקולכם הפנימי:

הפעילו טיימר של (לפחות) 5 דקות

שאלו את עצמכם את השאלות הבאות:

מה אני רוצה?

אילו חוויות אני מחפשת?

מה אני אעשה כדי ליצור אותן?

הקשיבו לתשובות האלה וכיתבו תשובה לכל שאלה (אל תנסו "להבין" את התשובות, פשוט תנו לעצמכם לכתוב אותן ברצף בלי לערוך אותן או לעצור.)

כשאתם מקשיבים ופועלים מתוך ההדרכה הפנימית שלכם, אתם חיים מהפנים אל החוץ. זה הכרטיס שלכם לאושר אמיתי.

. . .

שלב 6: קוששו עשבים ושיתלו צמחים חדשים

שמחה היא לאפשר לעצמכם לשתול את הגינה שאתם רוצים.

הרשו לי להיות בוטה - אם אתם רוצים להיות שמחים, אתם צריכים להיות מוכנים להטיל ספק בכל דבר בחייכם. אתם צריכים להיות מוכנים לאתגר *כל דבר* שלא תורם לבחירה שלכם בשמחה.

להיות שמחים זו "עבודה פנימית". אבל, האנשים, האירועים והמצבים שמקיפים אתכם יכולים להוסיף או לגרוע מהשמחה שלכם.

כמה אתם מוכנים להכיר בכך שמשהו שאתם עושים במשך "איקס" שנים הוא כבר לא מספק - ובאיזו תדירות אתם נמנעים לשנות את זה?

אתם לא יכולים להיות שמחים בלי לקושש עשבים שוטים שהצטברו בחייכם, אז ברגע שתכירו בכך שמשהו כבר לא משרת אתכם:

תודו לו על כל מה שהוא נתן לכם.

שחררו אותו באהבה ובהוקרת תודה, ללא קונפליקט.

עכשיו כשקוששתם את העשבים, יש מרחב לשתול זרעים חדשים. אתם צריכים לשאול את עצמכם, "מה יעשה אותי שמחה?"

כל מה שעשיתם במהלך הצעדים האלו יתמוך בכם בשתילת זרעי שמחה חדשים. ובדיוק כמו שכל גנן מטפל בצמחים שלו על בסיס קבוע, גם אתם צריכים לטפח את הגינה שלכם באופן קבוע בכך שתקוששו עשבים ותטפחו את הזרעים החדשים שתשתלו.

. . .

שלב 7: תנו למדהימות שלכם לצאת לחופשי

שימחה היא לקפוץ אל הלא נודע בידיעה שתופיע שם רשת.

פה הדברים מתחילים להיות באמת טובים - אפילו יותר מטובים. הם נהיים מדהימים!

כשתעברו את שלבים 1 עד 6, אתם תתחילו ליצור לעצמכם חיים מעבר לכל נקודת התייחסות מוכרת. אין יותר מגבלות למה שתוכלו להיות או לעשות. אתם הופכים להיות היוצרים של כל האפשרויות החדשות שלכם.

פה אתם "נותנים למדהימות שלכם לצאת לחופשי" ומזנקים אל תוך שמחה גדולה יותר מכל מה שאי פעם יכולתם לדמיין.

אבל, כאן מגיע הטריק...

אתם עלולים להתחיל להטיל בעצמכם ספקות, "אני באמת יכולה להשיג את כל זה?" (זוכרים את שלב 3 ואת ההתמכרות לאומללות?) או שאולי תפחדו מדי לזנק לתוך זה.

"תהיה שם רשת?"

"מה אם אני אפול על הראש?"

כשזה קורה, הבחירה מחדש בתהליך הזה תלויה רק בכם.

"האם אני בוחרת להאמין שהיקום נגדי או תומך בי?" אני מאמינה באוויר למרות שאני לא יכולה לראות אותו. הוא לא מוחשי ואני לא יכולה להחזיק אותו ביד שלי, אבל אני עדיין לא יכולה לחיות בלעדיו. באותו אופן, כשאתם מזנקים, דעו שהיקום שומר עליכם ויפרוש בפניכם רשת ביטחון.

כשתעשו זאת, אתם תישתגרו לתוך חיי החלומות שלכם. הזרעים ששתלתם יפרחו לתוך עוד אפשרויות שירשתו אתכם.

תמיד תזכרו שאתם לא יכולים לזנק בלי להכיר בכך שאתם אומללים, בלי לבחור בשמחה, בלי לשחרר מההתמכרות לאומללות, לקבל תמיכה, להקשיב, לקושש עשבים, ולשתול חדשים.

עכשיו אתם מוכנים לשחרר את המדהימות שלכם לחופשי.

ממש כמו דרך האבנים הצהובות, הצעדים האלו הם מתכון מובטח לשמחה.

השאלה האמיתית היא, האם תבחרו בכך?

שמחה היא הזכות מלידה האלוהית שלכם.

פרק 10
איך זה מרגיש לחיות בחיות רדיקלית

הפחד העמוק ביותר שלנו הוא שאנחנו לא מספיקים. הפחד העמוק ביותר שלנו הוא שאנחנו חזקים מעל כל דמיון. זה האור שלנו, לא החשיכה, שמפחידה אותנו יותר מכל דבר אחר. אנחנו שואלים את עצמנו, מי אני בכלל שאני אהיה מבריקה, מהממת, מוכשרת, ונפלאה? ובכנות, למה שלא תהיי?"
מריאן וויליאמסון-

בפרק זה, הרשו לי להיכנס לעומק הדברים, לאיזורים שונים אך חיוניים בחייכם, כדי לחשוף את המגבלות ולעזור לכם להפוך להיות הגרסה שלכם שחיה בחיות רדיקלית. אתם מבינים, כולנו מתמודדים עם מגוון בעיות בחיינו, אבל חלקנו סובלים יותר מבחינת ההשלכות של הבעיות שלנו. עם זאת, להישאר תקועים בכלוב הבלתי נראה לא יהיה הוגן כלפי אף אחד. לכולנו מגיעה חיות אורגזמית רדיקלית בחיינו הפיננסים, האישיים והרומנטיים.

תשעת הפרקים האחרונים כיסו את הדרכים בהם תוכלו להגיע לחיות רדיקלית בגוף, ברוח ובשכל. בפרק הזה, אני אוביל

אתכם בקילומטר משמעותי נוסף במסע לכיוון אמת כלכלית,
רומנטית וחברתית.

אבל, לפני שאני אתחיל, אני רוצה לשאול אתכם שאלה: האם
חייתם עם מגבלות והרגשתם שאתם חלשים מדי בשביל
להשתנות?

כמובן שכולנו רוצים להגיד לא, אבל אם נעצור ונקשיב
לעצמנו, נוכל להגיד שכן. יש כמה אופנים בהם גם אני
מרגישה מוגבלת וחלשה מדי בשביל להשתנות, בטח אם
ראיתי משהו שנמשך כבר כמה עשרות שנים. אבל, כן יש לזה
פתרון.

למזלכם, כאן אני נכנסת לתמונה. אני בתחום העיסוק של
העלמת המגבלות האלו, וזו לא רק המטרה שלי עבורכם, אלא
גם עבורי. פיתחתי את שיטת השאגה בה אני משתמשת כל יום,
עם עצמי ועם הלקוחות שלי.

שיטת השאגה נוסדה בכביש בצפון קליפורניה, שם עצרתי בצד
הדרך אחרי פרידה ידידותית בשנות ה-20 לחיי. הבנתי שאני
במצב רוח לא טוב, ואמנם בהתחלה ייחסתי את זה לפרידה,
אבל זה לא היה הכל. זה הוביל אותי דרך סדרת שאלות
שמאוחר יותר התפתחו להיות שיטת השאגה.

השיטה הזו כוללת שאילה עצמית של כמה שאלות, בערך חמש
או שש, שעוזרות לכם להגדיר את הטריגר הנוכחי ולהתחבר
חזרה לטריגר מהעבר. משם אתם עושים את העבודה על
העבר, מקוששים את העשבים, מחזירים להווה את השיעור,
ומפתחים הרגלים ודרך הוויה חדשים.

עכשיו, כשאתם מתמודדים עם השאלות האלו ומחפשים את
הפתרון בחיים שלכם, אתם יכולים תמיד לחזור ולהיזכר בידע
שאני אחלוק איתכם עכשיו. בואו נתחיל עם המגבלות
הפיננסיות שלכם ונמצא את השביל אל החיות הרדיקלית.

חיות פיננסית

הצעד הראשון לחופש כלכלי הוא להכיר בכך שאתם כנראה בתוך הכלוב הבלתי נראה של ההתעללות, וזה מרחיק מכם הזדמנויות פיננסיות. אבל, מהי בעצם התעללות כלכלית?

יש מגוון דרכים לגשת לנושא הזה. אחת מהדוגמאות היותר ברורות היא כשאתם נמצאים במערכת יחסים, בין אם היא אישית או עסקית, נישואים או בתוך חברה בה אתם שותפים, אבל אין לכם גישה לכסף אלא רק באישור של אדם אחר. המצב הזה יכול להיות צורה של התעללות כלכלית.

מקרה נוסף הוא נישואים או מערכת יחסים, בה אדם אחד שולט בכל הנושאים הכלכליים, בעוד לאדם השני אין זכות דיבור בעניין. בדומה לכך, אתם אולי חלק מארגון דתי או רוחני בו מצופה מכם לשלם כספים. אבל יש הבדל אם אותו תשלום הוא לבחירתכם. אם לוחצים עליכם, שופטים אתכם או מתייחסים אליכם באופן שונה לפי רמת התרומה הכלכלית שלכם לארגון, יכול להיות שאתם חווים התעללות כלכלית.

עבדתי עם הרבה אנשים שהיו חלק מארגונים מקצועיים, רוחניים או דתיים שעברו נידוי או שהוצעו להם פריווילגיות על בסיס התרומה הכלכלית שלהם. זה יוצר אפליה ברורה בין מי שנותן כספים לבין מי שלא.

להכיר בהתעללות כלכלית יכול להיות תהליך אינטואיטיבי. הגוף שלכם עשוי להגיב בזמן שאתם שומעים על המקרים שתיארתי כאן ולגרום לכם להבין שעברתם בדיוק את זה. התעללות כלכלית יכולה גם לכלול מצב בו אדם מסוים לוקח שליטה מלאה על העניינים הכלכליים של אדם מבוגר, כמו אפוטרופוסות או צוואה. זה יכול גם להופיע בפערים במקום העבודה, שם למגדר מסוים יש משכורת גבוהה בהרבה מאשר מגדר אחר, גם אם שני המגדרים מבצעים בדיוק את אותה העבודה. התעללות כלכלית יכולה להופיע במגוון צורות ולהשפיע על אנשים במגוון דרכים.

אז, אם אתם חושדים שהייתם הקורבן להתעללות כלכלית בכל צורה שהיא, זה הכרחי שתסמכו על תחושות הבטן שלכם

ותכירו בעובדת הפרת החופש הכלכלי שלכם. בין אם זה משפחה, בוס בעבודה, מורה או מנהיג רוחני, הסיטואציות האלו יכולות לקחת מכם את השליטה על הכסף שלכם. בלי לטפל בנושאים האלו, אתם תשארו תחת ההשפעה שלהם, ותחזרו על כל אותם הדפוסים והחוויות עם הכסף שלכם. זה לא בר קיימא. במיוחד עם כסף, אנשים רוצים להחלים מהר אחרי שהם עברו התעללות, אבל הם עשוים להתנגד להכרה בהתעללות הכלכלית שהם עברו כי זה מאתגר את התפיסה העצמית שלהם.

ובכל זאת, שפע כלכלי הוא זכות מולדת שלכם. המצב הכלכלי שלכם לא קשור לצבע העור שלכם, לרמת ההשכלה שלכם, או לכל גורם חיצוני אחר. כסף הוא אנרגיה שאפשר לגשת אליה ולזמן אותה. המחסומים לשפע הם אותן אמונות מגבילות ותפיסה עצמית שלילית שנובעות מתוך חוויות ההתעללות הכלכלית שעברתם.

כדי לחיות בחיות רדיקלית, אתם חייבים קודם כול להביס את הלך הרוח שעוצר בעדכם. אז, הנה האמת לגבי כסף ופיננסים: *מגיע לכם בדיוק כמה שאתם מאפשרים לעצמכם לקבל, ובדיוק כמה שאתם רוצים לקבל.* זה לא משנה מה הרקע שלכם. כסף הוא אנרגיה שכולם יכולים להתחבר אליה. אבל, מערכות האמונה שלנו, שמעוצבות על ידי חוויות של התעללות והזנחה, יכולות לעצור בעדנו. השווי הכלכלי שלכם לא משפיע על הערך העצמי שלכם. בין אם זה מגדר, חינוך או כל גורם אחר, יש לכם את הפוטנציאל להשיג כל מה שתרצו רק אם תוכלו להשתחרר מכבלי ההתעללות ולאמץ שפע כלכלי.

תפסיקו לתת להתעללות העבר להכתיב את העתיד הכלכלי שלכם. במקום זאת, התעמתו עם המציאות, הורידו מכם את העול שלא קשור אליכם יותר, והתחילו את המסע לחופש כלכלי. עם כנות ומודעות עצמית, אתם יכולים להתחיל ולהפגין את האושר והביטחון שבאמת מגיעים לכם.

עכשיו כשיש לכם הלך רוח בריא, אני אתן לכם חמישה צעדים פשוטים לעקוב אחריהם כדי להשתחרר מכל

המגבלות הכלכליות שלכם. אתם אולי לא תאהבו את הצעד הראשון, אבל הוא הכרחי. תתחילו מלכתוב את כל מה שאתם שונאים בכסף. תכתבו 10 עד 15 דברים שאתם לא אוהבים, בין אם זה ההתמודדות, קונפליקטים, לשלם חשבונות, ריביות או כל דבר אחר שמרגיש לכם מאתגר. אחר כך, תכתבו את כל מה שאתם אוהבים בכסף, כמו חופש, בחירה וההזדמנויות שהוא מציע, בלי להתרכז בדברים ספציפיים.

ברגע שתסיימו עם זה, תעברו לשלב השלישי. דמיינו חיים בהם כסף הוא לא עניין עבורכם. תחשבו על מה תרצו שיהיה לכם בחיים אם היה לכם את כל הכסף שאי פעם רציתם, בלי לדאוג ממנו יותר אף פעם. השלב הזה יכול להיות מאתגר עבור רבים, כי הם תקועים במעגל האהבה-השנאה עם כסף.

בשלב ארבע, תתארו איך זה ירגיש לכם שיש לכם את כל הכסף שאי פעם תזדקקו לו, בלי שום צורך להשיג עוד ממנו. איך ההתנהגות שלכם תשתנה? האם תלכו זקופים בביטחון, תחייכו יותר, ותבטאו את עצמכם באופן שונה? איך הגוף שלכם ייראה? האם המלתחה שלכם תשתנה? תחשבו על איפה הייתם רוצים לחיות, ואיך.

השלב החמישי הוא לחשוב על מה תרצו לתת חזרה לעולם אם יהיה לכם יותר כסף משאי פעם תצטרכו. באילו סוג של תרומות, נדבות וצדקות הייתם תומכים? בין אם זה מים נקיים למדינות שזקוקות להם, מימון חינוך לאחרים, תמיכה בעמותות או ביצוע פרויקטים יצירתיים, כיתבו את כל החלומות והשאיפות שלכם.

התהליך של לכתוב את כל המחשבות האלו על נייר הוא טרנספורמטיבי. הוא מביא אנרגייה של חשק למציאות שלכם, ומציע לכם אפשרויות ובחירות חדשות. זיכרו, זה הכרחי לעשות את הצעד הראשון, את **שינוי המעלה האחת™**, ממצבכם הנוכחי אל כל מה שכתבתם. הרבה אנשים נוטים להיתקע במנטליות ה"אין לי", אבל חמשת הצעדים האלו יכולים לעזור לכם להשתחרר מכך. אמצו את **שינוי המעלה האחת™** כדי

להתחיל את המסע שלכם ולעשות את מה שחשבתם פעם
שיהיה בלתי אפשרי לעשות.

חיות רומנטית

במערכות יחסים, אתם תראו הרבה קונפליקטים שיעלו מכל
מיני מקומות ובכל מיני אופנים, גם כשאין לכם שום רצון לייצר
אותם. זה כמו דפוס חוזר שמופיע שוב ושוב, וגורם לכם לתהות,
"זה בכלל מה שהתכוונתי לעשות?" אבל זה עדיין קורה. התמה
החוזרת הזו היא היא הסימן שלכם שמשהו יותר עמוק משפיע
בתחום הזה.

למשל, בחיים שלי, הייתה תקופה שבה הבנתי שקונפליקטים
כל הזמן עולים לפני השטח במגוון תחומים בחיי, ופתאום
הבנתי שאני המכנה המשותף לכולם. נהיה לי ברור שאני
כלואה בתוך כלוב מערכות היחסים, בו ניסיונות התקשורת
והחיבור שלי פגשו בהתנגדות והתחבטות. זו התחושה שלא
משנה לאן תפנו, אתם איכשהו עדיין תקועים בלופ.

זה נפוץ גם במערכות יחסים חד-צדדיות. לצערנו, לזהות
מערכות יחסים חד-צדדיות יכול להיות מרגיז. עם זאת, קל
לזהות אותן. אחרי שעוזבים מערכת יחסים כזו, אתם אולי
תתהו לעצמכם "למה סבלתי את כל זה כל הזמן הזה, מה לא
בסדר בי??". האמת היא, שאין שום דבר שלא בסדר בכם. האתגר
שלנו הוא שמעולם לא לימדו אותנו איך להתנהל במערכת
יחסים תומכת, שקופה, מקבלת ותורמת.

למעשה, אם תחפשו במילון את ההגדרה ל"מערכת יחסים",
אתם תגלו שהיא מוגדרת בתור *המרחק בין שני אובייקטים*.
הרבה אנשים מבססים את מערכת היחסים שלהם על ההגדרה
הזו, שהרבה פעמים מובילה לדינמיקות חד-צדדיות - לפחות
אחרי שלושה או שישה חודשים של אושר עילאי.

מערכת יחסים חד-צדדית מאופיינת בחוסר איזון משמעותי של
נתינה וקבלה. אתם אולי תגלו שכל מה שאתם מבקשים לא

מתבצע, או יותר גרוע, אתם תספגו שיפוטיות, ביקורתיות ותחושה שאתם "מבקשים יותר מדי". במערכות יחסים כאלו, הצרכים שלכם הרבה פעמים מבוטלים, ואתם מרגישים לכודים.

מערכות יחסים חד-צדדיות יכולות גם לכלול בהם גזלייטינג, מצב בו האדם השני עושה לכם מניפולציות כדי שתטילו ספק במציאות שלכם. הם יכולים להיות מרוכזים בעצמם לחלוטין, ושיהיה להם אכפת אך ורק מהחיים והבעיות של עצמם. הגישה הנרקיסיסטית הזו תגרום לכם לסחוב בעצמכם את כל המשא הכבד, בעוד האדם השני משייט לו לצידכם בנוחות, לוקח בלי לתת.

אבל, אל תצפו מהאדם השני להשתנות. זה הכרחי שתציבו את הגבולות שלכם, תתקשרו את הצרכים והדרישות הבלתי מתפשרות שלכם, גם אם סביר להניח שהם לא יספקו זאת. לפעמים, עצם הצבת הגבולות האלו יכולות להעיר את בן הזוג שלכם לתוך מציאות הסיטואציה, ולעודד אותם לעשות את השינויים הנדרשים. המפתח הוא לא לבקר או להאשים, אלא להעצים את עצמכם ולבחור במה שתומך באושר ובבריאות שלכם.

בסופו של דבר, זה לא להישאר או ללכת, אלא זה מציאות אושר ונתינה וקבלה הדדיים במערכת היחסים שלכם. אם אין אושר, אם אין שיתופיות מלאה, אז זה הזמן להעריך מחדש את מערכת היחסים. אתם לא יכולים להשתנות או לבחור עבור מישהו אחר - אתם יכולים רק לבחור ולשנות את עצמכם.

זיכרו, אתם אחראים את יצירת החיים של עצמכם. בין אם זה אומר להיפרד או להמשיך ולחיות ביחד, מה שחשוב הוא האושר שלכם, הבהירות שלכם, והרדיפה אחר מימוש הפוטנציאל שלכם. אין נכון או לא נכון - השאלה היא האם אתם שמחים, מרגישים טוב וחיים את מלוא הפוטנציאל שלכם.

מערכות יחסים הן כמו ריקוד, וזה הכרחי להכיר בכך שלכל אדם במערכת היחסים הזו יש את התדר שלו. לחלק מהאנשים

יהיה קל יותר לחיות בהרמוניה אחד עם השנייה, תלוי בסוג מערכת היחסים. מה שטוב לכם לא בהכרח טוב לבן או בת הזוג שלכם, ולהפך. כאן מתחיל ריקוד מערכות היחסים.

המפתח לקלילות במערכת היחסים טמון בפתיחות, קבלה, וסקרנות כלפי האדם איתו בחרתם להתחבר. כשעומדים בפני מחלוקות ושינויים, התנגדו לדחף להגיב מתוך תסכול או שיפוטיות. במקום זאת, גשו לעניין בסקרנות. לדוגמה, במקום להתעצבן על משהו, תשאלו שאלות ותנסו להבין את נקודת המבט של האדם השני. לפצוח בדיאלוג ולהתעניין בכנות מלאה בנקודת המבט שלהם יכול לשנות את הבעיה הפוטנציאלית הזו לכדי הזדמנות לחיבור עמוק יותר.

זה הכרחי להכיר בכך שלא כל מערכות היחסים הן קלות, ולפעמים אתם עשויים לחקות דפוסים משפחתיים. האופן בו ההורים שלכם תיקשרו יכול להשאיר חותם בגישה שלכם למערכות יחסים. תהיו מודעים לדפוסים האלו, ונסו לטפח סקרנות, קבלה, ורווחה כדי לבנות חיבורים יותר הרמוניים ומשמעותיים.

זיכרו שהמגננות והתגובות שלכם יכולות ליצור מרחק ולהעכיר את האינטימיות במערכת היחסים. כדי לטפח קלילות, נסו להיות יותר סקרניים, מקבלים ובמצב של רווחה. במקום להתרכז בבעיות, חיקרו אפשרויות חדשות עם בן או בת הזוג שלכם.

אם אתם רוצים מערכת יחסים יותר מהנה ומעשירה, או תוהים איך להכניס יותר כיף למערכת היחסים שלכם, הנה חמש הצעות, ואם הן לא מתאימות לכם, הרגישו חופשיים ליצור רעיונות משלכם:

אחד: בחרו פעילות שמשמחת את שניכם, משהו שמרגש אתכם ויוצר חוויה משותפת. בין אם זה לצפות בסרט, להשתתף באירוע, או פשוט לאכול פופקורן, פשוט לכו על זה. השפה או הפורמט לא משנים. מה שחשוב הוא להתענג על הזמן שאתם מבלים יחד.

שתיים: תמצאו משהו ששווה לחגוג אותו יחד בתור זוג. זה יכול להיות עם חברים, לצאת לארוחה יוקרתית ביחד, או להתלבש יפה ולהכיר תודה אחד לשני. הכירו בכך שהחיבור ביניכם יכול להיות חוויה מהנה בפני עצמה.

שלוש: נסו להפוך את התפקידים ביניכם. כל אחד מכם צריך לבחור פעילות שהוא חושב שהאדם השני היה בוחר. זה מעודד אתכם לחקור את תחומי העניין של בן או בת הזוג שלכם ולהרחיב את האופקים שלכם. אולי לא תעשו כל פעילות שתיבחר, אבל אתם תגיעו לתובנות אחד על השני.

ארבע: אתגרו את עצמכם ללמוד משהו חדש ביחד. גלו מה בתחומי העניין של בן הזוג שלכם מרגש אותם ותחלקו את התשוקה לכך. לחלוק חוויות חדשות ביחד יכול להיות הרפתקאה מחברת.

חמש: הקדישו זמן להנאה משותפת ועודדו את בן או בת הזוג שלכם לעשות את אותו הדבר. לפעמים גם טיפול בעצמכם והשגת מטרות אישיות יכול להוות דינמיקה מרעננת במערכת היחסים שלכם. תכננו טיול או תעשו משהו שובר שגרה אקראי כדי לשבור את הרוטינות שלכם.

הצעדים האלו יכניסו מגוון וחיות למערכת היחסים שלכם וירוויחו שתהנו מהרגעים המשותפים שלכם, ותונפתחו ביחד. מערכת יחסים כזו היא אידיאלית לתמיכה בחיות אורגזמית רדיקלית.

קומו ושאגו

בסופו של דבר, הייתי אומרת שלחיות בחיות רדיקלית היא לפעמים פשוט לקום ולשאוג. זה לחשוף את האני האמיתי שלכם, שתמיד היה קיים בתוככם, ולהיות מוכנים להשתחרר חזרה אל המציאות. כשאתם משחררים לחופשי את האני האותנטי שלכם, אתם מקרינים מקוריות, תשוקה, חיות וסוג חדש של כוח פראי. זה כמו לגלות כוח על, עוצמה מדהימה

שמתדלקת אתכם באנרגיה ומרטיטה אתכם בתדר ה"לעזאזל,
בואו נעשה את זה".

למרות שחוויתם קרבות, טראומות ודרמות, הגיע הזמן לקום
ולשאוג, לעשות דברים באופן שונה מבעבר. מה שעבד לכם
פעם לא משנה, כי זה לא ההווה, וזה לא הוביל לתוצאות
שידעתם שאתם מסוגלים להשיג.

לקום ולשאוג מגלם את "העכשיו, בו אין מקום לחכות. זה
מקום של פעולה, של שמחה ושל לתרום לעצמכם ולעולם כולו.
אין טולרנטיות לבינוניות, אין יותר התפשרות על משרה מלאה
משעממת. זה להגיע מעבר לגבולות העבר שלכם, לסמוך על
עצמכם כמו שלא סמכתם אף פעם, ולהיות באמונה ליכולת
שלכם ליצור משהו מדהים.

זה לשאוף ליותר, לאולימפיאדה, לליגת האלופות, ולכל
התשבוחות והפרסים שבעולם. זה לתת לעולם את האני הכי
טוב שלכם ולהרגיש בלתי מנוצחים. זה לא רק לעשות, אלא גם
לקבל. היקום כל הזמן מברך אתכם בכל תחום בחיים
האישיים, היחסים, המקצועיים והאנרגטיים שלכם. אפילו אם
זה ליצור את המרחב שאתם צריכים כדי לקבל את כל מה
שאתם רוצים, זה יקרה בלי שום בעיה. גם כשעולים אתגרים,
הם כבר לא מרגישים כמו מאמץ כי אתם הגעתם לתובנות
עמוקות שמתוכן אתם יכולים לעשות כל שינוי שרק תצטרכו.

תמצית ה"לקום ולשאוג" היא לדעת שיש בתוככם את השאגה
הזו, ושכל מה שמגיע לכם יגיע אליכם. אם אתם מהדהדים את
הידיעה הזו, אני מזמינה אתכם להצטרף אליי במסע הלקום
ולשאוג ביחד.

אחרית דבר

הרשו לעצמכם לסמוך על האושר ולאמץ אותו.

אתם תשימו לב שאתם רוקדים מכל דבר.
~ ראלף וולדו אמרסון

אם חלק מהרעיונות שקראתם נראים לכם רדיקלים, זה סביר.

כשאתם חיים חיים קטנים, שולטים ומחלקים את האנרגיה שלכם, כלואים בתוך מעגל תנועה צפוף - בתוך *כלוב ההתעללות הבלתי נראה* - זה יישמע לכם פנטסטי, אולי זה מעבר ליכולות הדמיון שלכם, לחשוב על איך החיים יכולים להיות אחרים לגמרי...

לחיות במציאות אורגזמית, רדיקלית וחיה. או, כמו שאני אוהבת לקרוא לזה...

לחיות מתוך השאגה שלך!

האמת היא, מה שהצגתי כאן הוא רק *ההתחלה* כדי לפצוח במסע לחיות רדיקלית - קצת כמו "ליצור אחרי התעללות" עם גלגלי עזר.

עדיין, כמו שהבטחתי לכם בהתחלה, הכלים - הרעיונות, הטיפים והצעדים - שהצגתי בספר הזה יובילו אתכם דרך ביצת ההתנגדות שקשרה אתכם לחוויית חיים מגבילה.

התנגדות מגיעה בהמון אופנים - ורובם נראים מאוד "אמיתיים" ואמינים. זה באמת נראה כאילו אין לכם את הכסף, הזמן, האנרגיה, הידע או היכולת לעשות את מה שאתם רוצים.

אבל אלו לא סיבות או הצדקות. הן המציאות.

והן כולן מגיעות מתוך הרעיון הזה ש-"משהו לא בסדר בי, אתם רואים?"

אם יש משהו אחד שאפשר להגיד על התנגדות, זה שתמיד יש *משהו שעומד ביניכם לבין מה שאתם רוצים.* בסופו של יום, הן כולן המצאות - תירוצים מחופשים - שמעוצבים עם מטרה אחת בראשם: למנוע מכם להעז מעבר למה שאתם תופסים כבטוח.

כשמסתכלים על כך יותר מקרוב, הביטחון הזה הוא יחסי, מטרה ניידת, שמוגדרת מהקונטקסט שאתם יצרתם לעצמכם בשלב מסויים בחייכם כדי להגן על עצמכם. ובכל זאת, כשאתם חיים בתוך כלוב ההתעללות הבלתי נראה שיצרתם מתוך העבר ההתעללותי שלכם, מה כבר בטוח?

אז בפעם הבאה שאתם מרגישים התנגדות, מפחדים להתמודד עם משהו, או מרגישים שניסיתם הכל ושום דבר לא עובד, הנה כמה שאלות שכדאי לכם לשאול את עצמכם:

אם הייתי יודעת שזה מה שעוצר בעדי, האם הייתי מוכנה לשחרר את זה? האם אני מוכן לשחרר מהשיפוטיות שלי כלפי Y-? האם אני מוכנה להחליף את X ב-Y? זה?

לסיום, ביטחון אמיתי יכול להיות מורגש רק דרך התחברות למודעות, ודרך המודעות שלכם להווה. זה מגיע מתוך למידה של להיות בהקשבה ותשומת לב ללחישות המצפון בתוככם, ולסמוך על מה שאתם שומעים ועושים כל רגע ורגע.

זה לבחור באושר ולתת לו להנחות אתכם.

זה להתרחב לתוך כל הקלילות, הנוחות, האושר והכיף שאפשרי לחיות לפיו כשאתם בוחרים רק עבור עצמכם.

ובסופו של דבר, זה ללמוד לחיות באדיבות...

לאחרים, לכדור הארץ, והכי חשוב - *לעצמכם*.

על הסופרת

ד"ר ליסה קוני היא מנהיגה יצירתית ויצרנית בתחום השינוי העצמי, והיא דמות סמכות מוכרת בתחום השגשוג לאחר הטראומה. היא מטפלת פסיכותרפיסטית זוגית ומשפחתית מוסמכת, בעלת מאסטרית תטא הילינג, PhD., ומנחה מוסמכת. היא היוצרת של לחיות מתוך השאגה שלך! להיות אתם! מעבר להכל! צרו קסם!. העבודות של ד"ר ליסה איפשרו לאלפי אנשים לחצות את הגשר מהתעללות מינית בילדותם, ומסוגי התעללות אחרים, ללחיות ב-"מציאות אורגזמית רדיקלית וחיה" (שאגה).

הקסם שבעבודה שלה מתמקד ברעיונות מרכזיים בהם היא השתמשה כדי לרפא את עצמה, לא רק מהתעללות שעברה בילדות, אלא גם ממחלה מסכנת חיים. העקרונות הבסיסיים האלו - לבחור עבור עצמכם, להתחייב לעצמכם, לשתף פעולה עם היקום ולדעת שהוא פועל כדי לברך אתכם, וליצור את החיים שאתם רוצים - הם אבני הבסיס לטרנספורמציה ארוכת טווח.

בנוסף לתרומותיה המהפכניות וה-"חושפניות" לחכמה הטרנספורמטיבית, היא גם ניחנה בשימוש בדרכים יצירתיות ואנרגטיות כדי להנחות אחרים להמשיך מעבר למכשולים בחייהם ולתוך מרחב הידיעה...המקום בו הם יכולים לקבל גישה ישירה לנשמה שלהם, ולשמור על מודעות אליה.

ד"ר ליסה, הידועה בגישת ה-"אני אשיג את זה!"... לא משנה מה!
" לחיים, מדברת מתוך הנשמה שלה ודרך הלב שלה, ולא
משאירה אף נשמה מאחור בדרך של אנשים לחזור לשלמותם.
אפשר ליצור חיות רדיקלית מעבר להתעללות.

עכשיו, תהיו נפלאים...